西垂有聲

《史记·秦本纪》的考古学解读

梁 云 著

李伯谦

生活·讀書·新知 三联书店

目 录

序言 • 1

导论 《秦本纪》、秦史与秦文化 • 1

第一讲 **秦之先，帝颛顼之苗裔** • 13
问题一 秦人来源及秦文化的渊源 • 26

第二讲 **从蜚廉事纣到庄公伐戎** • 43
问题二 嬴秦西迁前的居地 • 54
问题三 西犬丘、秦邑探寻 • 58
问题四 不其簋是秦器吗？• 71

第三讲 **襄公救周，始命列国** • 75
问题五 丰国及其文化 • 76
问题六 平王东迁与秦始建国 • 81
问题七 发现西畤 • 85

第四讲 **文公居汧渭之会，为鄜畤，得陈宝** • 91
问题八 汧渭之会的地望 • 94
问题九 秦国的周余民 • 99
问题十 鄜畤与陈宝祠 • 105

第五讲　**宪公在位前后** ◆ 113
　　问题十一　出子的立废与秦政伯丧 ◆ 118
　　问题十二　襄公至出子的居地和葬地 ◆ 120
　　问题十三　西新邑——大堡子山遗址的
　　　　　　　性质 ◆ 122
　　问题十四　秦子之谜与大堡子山
　　　　　　　大墓的主人 ◆ 136

第六讲　**武公居平阳** ◆ 153
　　问题十五　秦都平阳的探索 ◆ 156
　　问题十六　中国最早的县 ◆ 164

第七讲　**德公居雍** ◆ 171
　　问题十七　雍城探微 ◆ 173

第八讲　**穆公霸业** ◆ 183
　　问题十八　秦灭梁、芮 ◆ 185
　　问题十九　称霸西戎 ◆ 192
　　问题二十　穆公葬地 ◆ 203

附录
一　《史记·秦本纪》◆ 209
二　秦国君世系图 ◆ 223
三　相关文化遗址一览 ◆ 224
四　梁云访谈：
　　21世纪秦文化研究的重心，是秦早期历史 ◆ 225

序 言

上世纪末，苏秉琦先生在《中国文明起源新探》中说，"中国"的概念经历了"三部曲"的发展过程：尧舜时代万邦林立，有一个不确定的中心，可说是"共识的中国"；夏商周三代，由于方国的成熟与发展，出现了松散联邦式的王国，是为"理想的中国"；而到秦始皇统一大业和秦汉帝国的形成，才是"现实的中国"。[1]由此可见，秦的统一使"中国"从理想变为现实。因此，要讲好中国的故事，就离不开秦。

夏、商、周、秦是早期中国的主线，开端在夏，终结在秦，前后约1800年。它们不仅仅是四个前后更迭的朝代，还是四个长期交错、并行发展的族群。据《史记·秦本纪》，秦的祖先可追溯至颛顼，他们曾辅佐大禹治水，又为商汤驾车，还是纣王心腹。西周时西迁陇右，凭自身才艺而通显。非子牧马有成，被周孝王封在秦邑，为周之附庸。秦仲被周宣王命为大夫，跻身贵族行列。襄公护送平王东迁有功，被封为诸侯，得以立国。秦文公翻越陇坂，开始入主广阔的渭河平原。秦武公把版图推进到关中东部，在那里设县。秦德公又迁都于雍，此后雍城作为国都达300余年。秦穆公在位期间，灭掉梁、芮，国土东至黄河，又兼并了西北诸多戎狄小国，"开地千里，遂霸西戎"，成为"春秋五霸"之一。春秋末至战国初，秦内争不断，国运日蹇，屡次被动挨打，丧失了河西大片土地。秦献公徙治栎阳，试图振作起来，有东进中原之意。秦孝公任用商鞅变法，迁都咸阳，秦国面貌焕然一新，奠定了日后强大起

[1] 苏秉琦"三部曲"见苏氏著《中国文明起源新探》，北京：生活·读书·新知三联书店，1996年，第151页。

来的制度基础。秦惠文王东拔陕县，南吞巴蜀，收复河西，开始称王。秦昭襄王南拔楚郢，北灭义渠，东亡周室，成为无可争议的霸主。秦王嬴政挟先王之余烈，经十年战争，终于扫平六国，建立了中国历史上第一个大一统帝国。

从西迁陇右到统一天下，前后约700年，秦人从小到大，由弱变强，完整经历了从附庸到诸侯国，再到王国，最后到帝国的发展，也映射出"三部曲"历程，在中国古代文明史上有经典意义。

秦代虽然短促，但其政治文化却对中国历史有极深远的影响。秦开启了此后两千年的帝制时代，谭嗣同在《仁学》中说："两千年之政，秦政也。"通常所谓的"秦制"，包括皇帝制度、三公九卿的官僚制度，以及管理地方的郡县制。虽然后来官僚体系的形式有所变化，但中央集权的性质一直未变，皇权始终是政治架构的核心，直到辛亥革命清朝灭亡。因此，两千年的帝制时代，开端在秦，结束在清。中国古代文明史，可以秦代为界，一刀斩开，分为前后两大段。

秦为什么能够在列国竞争中最后胜出，一统天下？从汉初贾谊的《过秦论》到今天一直在讨论。原因是多方面的，但秦在制度上的优势不可忽视。在从血缘到地缘社会，从精致优雅的贵族时代到穷兵黩武的军国主义时代转变的大趋势中，秦的制度更彻底更合乎时宜。"秦制"不是在秦代一蹴而就的，它的基础在商鞅变法时已经奠定了。商鞅在魏国不得志，西行入秦，终于实现了自己的抱负。商鞅变法为什么能成功？与秦国独特的国情有关。这个国情，又是在秦早期历史发展中逐步形成的。一步步追问，将会发现一个民族的早期历史非常重要，它塑造了民族的性格、文化的特征，甚至决定了日后的成败。

如果从上世纪30年代苏秉琦先生对宝鸡斗鸡台沟东区墓葬的发掘算起，秦文化考古至今已历80余年。上世纪工作的重点在陕西关中地区，包括秦的三大都城：雍城、栎阳、咸阳，以及三大陵区：雍城陵区、芷阳东陵、秦始皇陵。秦兵马俑的发现轰动世界，让人领略到秦文化浩大的气势和宏大的气魄。我和王学理老师合著的第一本小书《秦文化》，对20世纪秦文化考古的发现和研究有所介绍。本世纪以来，工作的重点转移到甘肃东部和关中西部，开始追寻秦人的早期历史。由北京大学、西北大学、国家博物馆、甘肃考古所、陕西考古所五家研究机构组建的早期秦文化联合考古队，自2004年以来先后调查西汉水、牛头河、汧河下游、渭河上游等流域，次第发掘礼县鸾亭山、西山坪、大堡子山、清水县李崖、甘谷县毛家坪等遗址，成果丰硕，使秦人的早期历史由迷茫而逐渐清晰。我从一开始就参与其中，其间探索的艰辛、曲折，发现的激动、喜悦，记忆犹新，感触深切。这也构成了本书的主要内容。可以说到目前为止，通过几代人的不懈努力，秦文化从早到晚的发展序列，包括都城和陵墓的各个环节，基本上都被揭示出来了。其完整性在东周列国考古中首屈一指。

2017年，由大学通识教育联盟组织的第九届通识教育核心课程讲习班在北京大学举行，我奉命担任课程导师，专门讲授《史记·秦本纪》。《史记·秦本纪》当然是关于秦史最主要的文献，但凡涉及秦，无论做文献史学还是从事考古的人，都绕不开它。考古人读文献的眼光不太一样：一个简单的地名，会勾起丰富的联想——联想到调查过的地方、发掘过的遗址，乃至于山形水系、铜陶器物等。由此对文献的理解就更具体更形象更深刻。讲《史记》的人很多，但从考古的角度还没人讲过，我尝试了一下：先讲文本，再穿插问题，然后以考古发现来解答，效果还不错。大家都知道《史记》有三家注，即南朝宋裴骃《史记集解》、唐司马贞《史记索隐》、唐张守节《史记正义》。在《秦本纪》末尾《史记索隐》有一段总结的话："非子息马，厥号秦嬴。礼乐射御，西垂有声。"西垂即西部边陲，是秦人崛起之地。秦仲被封为大夫，拥有车马礼乐，过上了钟鸣鼎食的贵族生活，钟磬合奏，金声玉振，暗喻秦人正式登上历史舞台，开始掌握话语权，能发出自己的声音。因此取"西垂有声"作为本书之名。

授课期间，承蒙三联书店冯金红女士邀约出书，当时未敢应允，只因水平有限，且事务缠身，写作上"欠账"太多。后来讲习班肖京、刘思源同学把授课录音整理出来，得讲稿七万余字。征得金红同意，再加补充完善，遂成此稿，但文风未免口语化，也难免草成之嫌。由于授课时间有限，对《秦本纪》的解读限于前半段（穆公以前），将来或能续完。这也是我第三本关于秦的著作，上一本《战国时代的东西差别：考古学的视野》，旨在从考古学角度探讨秦与六国的差别。这本小书侧重于秦的早期历史，但愿对读者有所裨益，所谓"愚者千虑，必有一得，故曰'狂夫之言，圣人择焉'"（《史记·淮阴侯列传》）。

梁云

2018 年 3 月 10 日

导论

《秦本纪》、秦史与秦文化

《史记》是中国史学第一书，太史公是中国史学第一人。太史公的伟大，看《史记》的体例就能感受得到。《史记》有十二本纪、三十世家、七十列传。对这个体例，李零先生总结得很好：本纪相当于一棵大树的主干，世家相当于分枝，列传相当于枝叶。[1]

《史记》中有《夏本纪》《殷本纪》《周本纪》，三代基本是一姓一朝一个本纪，夏是姒姓，商是子姓，周是姬姓。唯独秦有两个本纪，翻过《史记》的人都知道，一个是《秦本纪》，一个是《秦始皇本纪》。问题马上就来了，司马迁创造了一姓一本纪的编写体例，为什么又要违背这个体例？都是秦的历史，它在统一中国之前和之后是连续的政治体，为什么要分设两个本纪呢？这是当代学者也在思考的问题。[2]一般的理解认为，司马迁有他专门的用意，秦对司马迁的意义和夏商周不一样，而且超过了夏商周。秦对汉代的人来说就是近现代史，夏商周却是古代史；这对司马迁来说能不重要吗？秦的历史关乎汉王朝为什么能成立及汉王朝政权的合法性问题。所以，他对秦要做综合、全面的回顾和理解。

司马迁的理解分为两方面：秦统一前的发展是铺垫，就是《秦本纪》，写秦由弱到强、从小到大的渐变过程，大约五百到六百年的发展。始皇上台之后，历史发生了一个巨变，《秦始皇本纪》将之描写得非常细致，它分为三个小阶段：秦攻拔六国，秦统一之后采取的一系列措施，秦二世而亡。《史记》很关注巨变中的细节。同时要原始察终，揭示秦王朝兴亡的原因，为汉王朝合法性寻找理由。当然，《史记》不只要寻找社会发展的规律，它还是一部生命史，是众多的生命汇聚成的历史长河。总之，司马迁对秦的历史比较看重，所以分设了两个本纪。

如果对中国秦汉时期的历史或考古感兴趣，最基本的阅读文献就是"前四史"：《史记》《汉书》《后汉书》和《三国志》。而读《史记》一定要读"三家注"，即南朝宋裴骃的《集解》、唐司马贞的《索隐》、唐张守节的《正义》。三家注原本各自单行，宋时出现将二家或三家注解并入正文的刻本，其中，三家注最早的

[1] 李零：《考古发现与神话传说》，原载《学人》1995年第5辑，现据作者文集《李零自选集》，广西师范大学出版社，1988年版，第58页。

[2] 张强：《论司马迁分列〈秦本纪〉和〈秦始皇本纪〉的思想》，《山西大学学报》（哲学社会科学版）2015年第3期。

合刻本是南宋时的黄善夫刻本。后来在黄本的基础上又衍生出一些新版本，其中，清同治年间金陵书局刻张文虎校本为官版善本精品。1959年，顾颉刚先生等著名学者以金陵局本作为底本，对《史记》进行分段标点，并以方圆括弧来表明字句的删补，形成新中国成立以来最有影响力的中华书局《史记》点校本。

后世研究《史记》比较有名的著述，有清梁玉绳的《史记志疑》、崔适的《史记探源》、日本学者泷川资言的《史记会注考证》等，以及清赵翼《廿二史札记》和王鸣盛《十七史商榷》中的相关部分。近代考古学兴起以后，有学者开始用地下的材料来考证纸上的文献，最有名的当推王国维，用殷墟甲骨文证实了《史记·殷本纪》的可靠性，并提出了"二重证据法"，被视为新史学的开端。西北大学考古专业有一位前辈陈直先生，他对瓦当陶文的研究特别精深，写有《史记新证》和《汉书新证》，用金石汉简、铜陶器铭来印证《史》《汉》，创获颇多。

除了三家注外，《史记》还应该有第四家注，即考古学家的注，用考古学新的发现、收获和认识，来对《史记》的记载进行修正、完善和补充。

这话考古人可能不爱听："我们考古怎么成了补经证史的？"如果从1870年舍利曼发掘特洛伊古城算起，世界考古学的产生和发展有近150年的时间。而自1926年李济先生发掘山西夏县西阴村遗址至今，中国考古学的发展也接近100年。今天的学科发展可以说日新月异，呈现出国际化、科技化、公众化的特点，迎来了前所未有的黄金时代。在大学的专业教育机构里，考古从最开始的专业发展为系，再升格为学院；考古学也已成为国家一级学科。考古界自信满满，认为现在还用考古材料给《史记》作注，是否开历史倒车，降低学科地位，使考古学沦为历史文献的附庸？

事实并非如此。近百年的考古发现可以说从广度和深度上"拓宽"了太史公的史学体系，但并没有将之"撑破"，更谈不上"推翻"。比如说，被誉为中国历史学"哥德巴赫猜想"的夏王朝真实性问题，在国内学术界已基本达成共识：由殷墟卜辞可证《殷本纪》中殷先公先王的记载是可信的，进而可知与之同时的夏王朝也很可能存在，考古学上的二里头文化应该就是夏文化。尽管国外有少数学者持保留意见，甚至不认同这个观点，但他们也举不出反证来证明夏王朝是子虚乌有。考古发掘出来的大多是"哑巴"材料，这些材料的内涵和意义有待解释、阐述。但是在文献记载可信的历史时期，比如周代，对考古材料的解释首先要放在相关历史背景中进行，文献记载是解释考古材料的重要线索，在"解释权"上具有优先性。

与两千多年的中国史学传统比较，考古学还是蹒跚学步的孩子。谦逊一点才能进步，人是这样，学科也是如此。假如没有《史记》《汉书》，我们的秦汉考古会是什么样子？不敢想象——不知会冒出多少奇谈怪论，会闹出多少笑话。举一个现成的例子：贵霜帝国和汉帝国同时并立，也是世界古代四大帝国之一，但它没有自己的系统史书，研究靠碑铭和钱币，连基本的编年序列如各王在位年限及顺序都不是很清楚，更别说其他了。

所以，这本小书是以《秦本纪》为主线，穿插相关的考古资料，以期达到考古与文献相互印证、相互启发的效果。在对正文文本简单考证后，我会提出一些学术问题，然后援引相关的考古发现，乃至笔者自身的经历和体验来解答。全书共有八讲，涉及二十个学术问题。

秦历史发展的概况，最重要的参考书是林剑鸣先生的《秦史稿》，在此推荐给读者。该书成书比较早，1981年在上海人民出版社出版[1]，但到现在学术地位依然很高。林先生曾长期任教于西北大学，后来调往北京，1997年去世，终年63岁，很可惜。在秦史研究方面至今还是无出其右者。林剑鸣先生是陈直先生的大弟子，2016年西北大学专门开过一个会议纪念他，大家最后得出一个共同的结论：《秦史稿》之后再也没有出来一本能与之媲美的系统的秦史著作，希望将来有人能有志于这个事业。《秦史稿》出版到现在将近30年了，新材料出了很多，但还没有一本系统性的著作，来专门讲秦的历史。

我将秦史分为三期：早期、中期、晚期。

[1] 林剑鸣：《秦史稿》，上海人民出版社，1981年。

早期：西周—春秋早期，约三百年。年代下限是公元前677年秦德公居雍，这是个标志性事件。

中期：春秋中期—战国早期，共327年。从公元前677年秦德公居雍至公元前350年秦孝公迁都咸阳。都城在雍城，今陕西凤翔。

晚期：战国中期—秦统一后，共143年，从公元前350年秦孝公迁都咸阳至秦亡。

这个分期是我自己提出来的，与林剑鸣的认识角度不太一样。林先生是把秦建国之前作为周人附庸的时期划为第一个时期；第二个时期是春秋时期，与我们现在习惯的中国历史分期相吻合，其中又以穆公为界分为前后段；第三个时期是战国时期，其中又以孝公为界分为前后段；第四个时期是秦代。我的分期更多考虑到了秦都城的迁徙特点：中期基本是雍城时期，晚期相当于咸阳时期。而且这个分期充分考虑了秦物质文化发展的阶段性和面貌上的变化：早期阶段的文化面貌基本一致，进入中期之后文化面貌发生了比较大的变化；到了晚期，尤其迁都咸阳之后，秦施行变法，文化面貌又发生巨变。

在以前的研究中我就谈过，秦文化在战国中期发生了跳跃式的巨变，此前此后像两个文化，脱胎换骨。除了葬俗没变，使用的器物包括青铜器在内全部都发生了很大的变化。[1] 巨变的原因在于：春秋中期到战国早期这个阶段秦国落伍了，文化发展相对滞后，秦孝公即位之后颁发求贤令，所谓"诸侯卑秦，丑莫大焉"，他有耻辱感。秦国"僻在雍州，夷狄遇之"，东方诸侯把它当成夷狄来看待。因此，秦孝公有焦灼的赶超心理，他要变法，要图强，要大幅度地吸收东方列国的先进文化。所以战国中期之后，秦文化有大量东方的色彩，青铜器和三晋的铜器看起来很相像，但和之前秦的铜器在发展脉络上不衔接。

这种文化跳跃式发展的现象，我称之为文化发展的断裂。它发生在商鞅变法之后，在东周列国中是独一无二的。东方其他列国的文化是连续性的发展，从器物群的演变来看，旧器物的消失和新器物的产生是此消彼长的，是渐变式的；秦文化却

[1] 梁云：《从秦文化的转型看考古学文化的突变现象》，《华夏考古》2007年第3期。

发生突变或巨变。

我对秦史的分期，更多照顾到考古学文化发展和物质文化面貌的情况，中期和晚期的分界我断在秦孝公迁都咸阳、商鞅变法。把春秋早期归入到早期阶段，是因为当时虽然秦已经建国，成为一方诸侯了，但其物质文化面貌和西周还很接近，和春秋中期却隔得比较远，所以在这个地方将之断开。

上面讲的是秦的时间发展，现在讲秦的空间发展。

学界常说秦有九个都城，八次迁徙（图1）。从西往东迁徙，秦人的力量逐渐从小到大、从弱到强，最终发展壮大。现分述之。

秦的第一处都邑是西犬丘，其年代至少从西周中期周孝王的时候就开始了，到秦襄公立国的时候还继续作为秦的都城。它作为中心都邑存在的时间大概有 200—300 年。可以把"西犬丘"这个词分解一下，每个字都值得琢磨："西"指西方，但在先秦、秦汉时有专门的含义，就是指西县。秦汉已经实行郡县制，西县在今天甘肃的礼县。秦国早期的好几处都邑，名字前面都带了个

图1 秦的"九都八迁"（据田亚岐，2015 年）

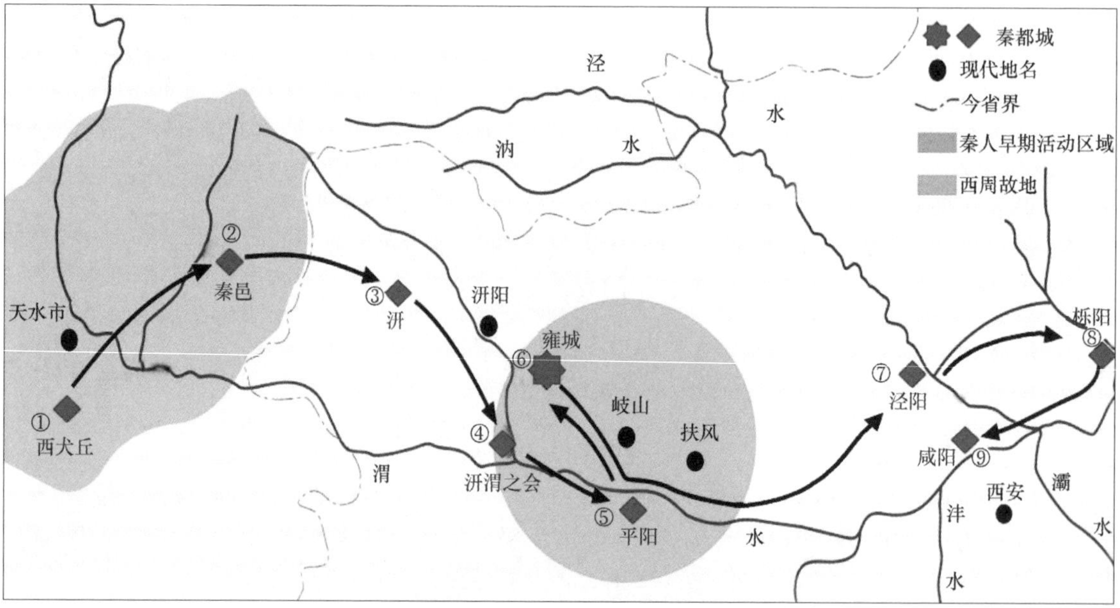

"西"字，比如西犬丘、西垂、西新邑、西陵、西陂，因为都在秦汉西县的范围之内。2004年，我们全面调查了礼县、西和县所在的西汉水上游[1]，目的之一就是寻找西犬丘。

有西犬丘的话，是不是还有相对应的"东犬丘"？的确，在甘肃以东的陕西、山东还有犬丘，而且不止一处。陕西关中就有一处地名叫犬丘，在今天的兴平市，周名犬丘，秦名废丘，汉名槐里。我们曾经调查过这个古代县城遗址，即阜寨乡南佐遗址，规模很大，面积约300万平方米，秦砖汉瓦随处可见，俯拾皆是，遗址的年代属于战国中晚期到秦汉时期。更东面的山东也有地名叫犬丘。因此，秦的都邑名叫西犬丘，就使学者们产生联想：秦是不是在东边的犬丘也居住过，后来西迁把地名也带过去了？这个观点目前还缺乏证据，仅仅因为地名相同是不足为据的。

第二处都邑是秦邑。秦人、秦王朝、秦帝国之所以叫秦，最初来源于"秦"这个地名。秦祖非子，为周孝王养马，"马大繁息"，周王很高兴，就把他封到了秦这个地方。后来非子的后人逐渐发展壮大，包括秦始皇都是他的直系后代。秦汉时期有县、乡、亭、里的地方基层行政机构，在"秦"设有邮亭，又叫"秦亭"。2005年、2008年我们两次调查天水地区渭河北岸的牛头河流域[2]，目的之一就是寻找非子的封邑——秦邑。

西周时期氏族的命名方式之一，就是以居住地的地名作为族名，地名和族名是一致的。由于被封在秦这个地方，这支人就叫"秦人"，哪怕这个人群组织后来发展成为王国、帝国，名号也不改变，这就是秦人称号的来源。甲骨文、西周金文也有"秦"字，像一个人拿着杵在臼里舂米，是一个象形字。

第三处都邑被认为是"汧"。今天关中西部宝鸡地区有一条汧河，还有一个汧阳县。皇甫谧的《帝王世纪》记载秦襄公二年"徙都汧"，即把都城迁到了"汧"这个地方。但《秦本纪》里没有这条记载，所以，很多学者不承认"汧"曾经是秦的都城，但也有学者认为汧就在今天陕西的陇县。陇县当地政府出于文化建设和旅游发展的需要，很关心也很认可皇甫谧的记载，甚至开发

[1] 甘肃省文物考古研究所、中国国家博物馆、北京大学考古文博学院、陕西省考古研究院、西北大学文博学院：《西汉水上游考古调查报告》，文物出版社，2008年。

[2] 早期秦文化联合考古队：《牛头河流域考古调查》，《中国历史文物》2010年第3期。

出相关的文化主题公园，比如陇县的"秦源文化园"。

上世纪80年代在陇县县城东南4公里、汧河西南岸的边家庄发现一处秦国墓地，发掘出春秋早期的铜五鼎墓[1]，表明那里有高级别的贵族聚落。在墓地东南3里有一座磨儿塬古城，曾被认为是秦襄公所徙的"汧"[2]。但我们调查发现该城城内大范围分布着汉代文化层，城墙夯土内夹杂汉瓦，是一处汉代城址。因此，襄公徙汧的说法在考古上尚未得到证实。

第四处都邑是"汧渭之会"。顾名思义，就是汧河与渭河的交汇之处。《秦本纪》说秦文公四年（公元前762年）在汧渭之会营建新的都邑，也是秦人进入关中后的第一处都邑。南北向的六盘山—陇山是渭河北岸东、西支流的分水岭，西边支流有牛头河，东边支流有金陵河、汧河、泾河。渭河穿越陇山的峡谷险峻狭窄，不宜人马通行，在古代，翻越陇山需循其两侧的支流河谷通道。上述非子的封地"秦邑"位于今甘肃清水县，就在陇山西侧的河谷通道上。由此向东翻过陇山就到达汧河、泾河上游，沿着汧河顺流而下，就到了汧渭之会。

汧河与渭河交汇处有东夹角和西夹角。西夹角有贾村塬，地形高陡；东夹角有三畤塬，地形低平。2008—2009年，我们全面调查汧河下游地区[3]，目的之一就是寻找秦文公所居"汧渭之会"。

第五处都邑是秦宪公、秦武公所居的平阳。秦宪（宁）公二年（公元前714年）"徙居平阳"。今陕西宝鸡还有阳平镇，平阳就在阳平，西距汧渭之会不远。平阳作为秦都只有37年的时间。上世纪70年代在宝鸡太公庙村发现秦武公钟镈的窖藏[4]，为寻找平阳提供了重要线索。

以上五处都邑均处在秦史的早期阶段，可称之为秦的早期都邑。这其中可能还遗漏了一处重要都邑——"西新邑"。《史记·秦始皇本纪》后附《秦记》中说秦宪公"居西新邑"。有学者认为这个"西新邑"就是平阳，但我认为它在秦汉西县的范围内，在甘肃而非陕西。[5]

第六处都邑是雍城，遗址在今陕西凤翔县城南。从秦德公

[1] 尹盛平、张天恩：《陕西陇县边家庄一号春秋秦墓》，《考古与文物》1986年第6期；陕西省考古研究所宝鸡工作站、宝鸡市考古工作队：《陕西陇县边家庄五号春秋墓发掘简报》，《文物》1988年第11期。

[2] 张天恩：《边家庄墓地与汧邑地望》，《文博》1990年第5期。

[3] 中国国家博物馆、陕西省考古研究院：《2009年千河下游东周、秦汉遗址调查简报》，《考古与文物》2015年第3期。

[4] 卢连成、杨满仓：《陕西宝鸡县太公庙村发现秦公钟、秦公镈》，《文物》1978年第11期。

[5] 梁云：《西新邑考》，《中国历史文物》2007年第6期。

居雍到秦孝公迁都咸阳凡327年，雍城是秦国历史上时间最长的都城，前后经历了18位秦公的统治。正是在雍城时期，秦国发展成为可与晋、楚比肩的大国。多年的考古工作已经揭示出了雍城的基本面貌：城址位于纸坊河与雍水河之间，面积约10平方公里，城内多处地点发现有朝寝、宫室、宗庙建筑和作坊遗址，在城南分布着秦公陵园。

第七处都邑被认为是泾阳。《秦记》说秦灵公"居泾阳"，但《秦本纪》中并无这条记载。王国维在《秦都邑考》中认为，秦灵公时向东北扩张领土，与三晋争霸，因此徙居泾阳；这个泾阳不是汉安定郡的泾阳（在甘肃泾河上游），而在高陵以西的泾河下游[1]，也就是今陕西泾阳县境内。由于灵公及其子孙都葬在雍城，所以王国维认为灵公虽然徙居泾阳，但并未定都，而是作为经营东北的据点。但其位置在哪儿，到现在还一点线索都没有。2009年我们曾调查泾阳县中张镇的王浩遗址，在泾河北、王浩村南，面积约24万平方米，堆积丰富，采集到秦的云纹瓦当。该遗址是否与秦灵公所居泾阳有关，还需要确认。

第八处都邑是栎阳。《秦本纪》说秦献公二年（公元前383年）"城栎阳"，遗址在今陕西西安阎良区的武屯镇。上世纪80年代，在那里勘探出一个面积约400万平方米的长方形城址，有城墙、门址、干道、建筑基址等。[2]2013年以来重新启动了栎阳城的考古工作，结果发现80年代勘查的城址其实包括两座古城（一号和二号），在它西面1500米处又发现一座古城，编为三号。三号古城出土葵纹、动物纹瓦当，以及带"栎阳"字样的瓦片，年代属战国中晚期，应即秦献公所建的栎阳城。[3]

事实上，秦最后一次迁都是从雍城迁到咸阳，《史记·商君列传》说"秦自雍迁都之（咸阳）"，秦孝公将都城从雍城直接迁到咸阳。栎阳相当于一个前敌指挥中心，并不是经常居住的都城。秦献公当时想收复河西之地，即黄河以西、陕西的北洛水这一块，包括陕西的韩城、澄城、大荔，春秋早期到战国中期这里一度被魏国所占据。魏国当时出了一个军事家吴起，镇守魏国的西河郡，彼时秦国如骨鲠在喉，如芒刺在背，因为

[1] 王国维：《秦都邑考》，《观堂集林》，河北教育出版社，2001年。

[2] 中国社会科学院考古研究所栎阳发掘队：《秦汉栎阳城遗址的勘探和试掘》，《考古学报》1985年第3期。

[3] 刘瑞、李毓芳、王自力、宁琰、柴怡：《西安秦汉栎阳城考古新进展确定战国栎阳城位置并发现汉唐白渠》，中国文物信息网，2015年9月11日。

整个关中东部都被魏国占据，国家毫无安全可言，魏军可沿渭水兵临城下。秦献公于是把作战指挥中心东移，但他终其一生也没能把河西地夺回来。秦真正、彻底夺回河西地是在秦惠文王时期，那时的国力对比已经发生了根本性的改变。

第九处都邑是咸阳。从秦孝公十二年（公元前350年）迁都咸阳，到秦二世三年（公元前207年）秦灭亡，咸阳作为秦都达143年之久。遗址在今咸阳市东的窑店镇一带，汉代称之"渭城"。秦都咸阳有一个动态的发展过程，秦惠文王时的咸阳还局限在渭河以北，昭王以后都城扩展到渭河南岸。在都城西郊的咸阳塬上和东南方向的骊山西麓，都发现了战国秦王的陵区。骊山北麓则有秦始皇陵。

秦的世系比较长，其中早期世系如下：

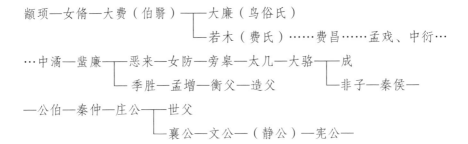

传说中秦人的始祖是颛顼，颛顼是黄帝的孙子，五帝之一，在《史记·五帝本纪》里有载。黄帝是华夏始祖，葬于桥山，在陕西黄陵县。《汉书·郊祀志》说黄帝在荆山下铸鼎，鼎成之日，有龙下迎，黄帝乘龙，群臣后宫共骑者七十余人，一起升天。颛顼的都城传说在帝丘，"丘"是东方的地名，东方地形多为丘堆，一个个圆丘形，或者说鼓起的土包包。帝丘在河南濮阳，颛顼一族是东方的族系。西北地形多为"原"。陕西、甘肃是黄土高原地形，从下面看很高，但顶部很平坦。现在水土流失比较厉害，沟沟岔岔，沟壑纵横。

女脩是颛顼的孙女。大费（伯翳）辅佐大禹治水，大禹一度想把自己的位置让给伯翳，说伯翳很有功劳，但伯翳推给了启。大费的大儿子大廉又名鸟俗氏,二儿子若木又称费氏——大费后裔的名字里很多都带费字。后来又有孟戏、中衍、中潏、蜚廉、恶来、女防、旁皋、太几、大骆、成、非子。成是大骆的长子;非子不是嫡子,是庶子,被封在秦。非子的儿子是秦侯,再下来是公伯、秦仲、庄公。庄公的大儿子是世父,次子是襄公。襄公时秦开始成为诸侯,然后是文公、静公、宪公。

秦早期的世系有两个特点:第一,中潏之前的世系有很大缺环。大费与夏禹同时,相当于夏代的早期;费昌为商汤驾车,相当于商代的早期。前后整整隔了一个夏代。夏代按文献说法有400多年,从大费、费氏到费昌之间肯定有缺环,这已经不可考了。孟戏、中衍与殷太戊同时,相当于商代早期;中潏、蜚廉为殷纣王臣下,纣王已到商代末年,是商代最后一个王。商代有400多年,从孟戏、中衍到中潏、蜚廉肯定隔着代,而且不止一代。总之,中潏之前的秦世系是有严重缺环的,中潏之后一代代却很完整,没有失载的现象。中潏的儿子是蜚廉,蜚廉的长子是恶来,次子是季胜,由此分为两支:恶来这一支是秦人,季胜、孟增、衡父、造父这一支就是赵人的祖先,赵即韩赵魏、三家分晋的"赵"。赵人的祖先和秦人的祖先往前追溯,是同一个祖先,秦赵共祖。在探讨秦人来源的时候不能把赵人撇开,他们是一家人,这尤其值得关注。

第二,从秦侯开始有明确的纪年。非子在位多长时间不可知,《史记·秦本纪》《史记·十二诸侯年表》等没有提到,《史记·三代世表》也没有讲到。但《秦本纪》记载秦侯在位时间10年,公伯在位3年,秦仲在位23年,庄公在位44年,襄公在位12年。纪年可以一年年从后往前推,相当清楚。庄公、襄公的纪年,每一年都可以和周王的纪年相对应。比如秦襄公元年相当于周幽王五年,即公元前777年;往前推的话,秦侯即位于公元前857年。关于秦人早期的世系,这两个特点是需要知道的。

第一讲

秦之先，帝颛顼之苗裔

秦之先，帝颛顼之苗裔，孙曰女脩。女脩织，玄鸟陨卵，女脩吞之，生子大业。

——《史记·秦本纪》

这是《史记·秦本纪》的正文。说秦是帝颛顼的后代。颛顼的孙女叫女脩。"女脩织"，中国古代男耕女织。玄鸟生了一个蛋，女脩吞了这枚卵，然后就怀孕生了一个儿子叫大业。

《史记正义》及三家注说，颛顼是黄帝之孙，号高阳氏，大业是皋陶。《索隐》说："秦、赵以母族而祖颛顼，非生人之义也。"这句话怎么理解？秦人为什么认为自己是颛顼的后代呢？这是从母亲的世系往上追的，按照母家的世系就追溯到了女脩，所以认颛顼为他们的始祖。"非生人之义也"，即不是按照父系来算的。《索隐》中说："郯国，少昊之后，而嬴姓盖其族也，则秦、赵宜祖少昊氏。"这句话意思很明显，秦人同时

图2 凤翔秦公一号大墓及出土石磬（采自雍城考古队资料）

也认为少昊是他们的先祖。这又是按照什么来算的呢？是按照父系。所以，秦人既认少昊，也认颛顼。为什么说秦人认少昊呢？《史记·封禅书》主要讲帝王祭祀，讲到秦襄公立国以后，建立了西畤，"自以为主少昊之神，作西畤，祠白帝"，自认为祖先是少昊神，少昊就是白帝。

讲到秦人的祖先颛顼的时候不得不引用考古材料，就是80年代在凤翔的秦都雍城发掘的秦公一号大墓(图2左)。这是目前发掘规模最大的先秦古墓，是韩伟先生主持发掘的。长300米，深25米，挖了十年，发现280多个盗洞，挖到底之后小件出了3000多件。可惜该项考古报告一直没有出来。

这个大墓出土了一些秦的石磬(图2右)。磬是古代一种悬挂起来的乐器，可以敲击发出乐声。秦的石磬三个边都是凹弧形的，这是不见于东方列国的一个特点，东方磬的边是直边。石磬上刻有字(图3)，第一个字是"汤"，叫"汤汤秊商"，"秊"就是厥，汤汤就是水流的声音。古代的乐曲有《高山》《流水》。伯牙鼓琴，钟子期说："峨峨兮若泰山""洋洋兮若江河"。"汤汤"和"洋洋"意思一样，都形容流水。商就是有商音。古代有五音，宫商角徵羽，商音在五音里是比较高亢响亮的。

"汤汤秊商，百乐咸奏"，就是各种各样的乐器一起演奏，气氛非常热烈。"允乐孔煌"，音乐非常热烈，"孔"是非常，"煌"是热烈的意思。"毁虎载入"，毁虎或者柷敔是一种虎状乐器，有的学者说是用木头做的老虎，背上有齿状的钮锯，可以止乐。一首曲子快演奏完了，要用某物来止乐，它就是止乐

图3　凤翔秦公一号大墓石磬铭文

用的乐器。"又（有）籇载粲（漾）"，"籇"就是一曲最后的章节，尾声；"粲"是荡漾的意思，余音荡漾。

"天子匽喜"，天子是谁？肯定是周天子，当时能称天子的只有一人。这说明周天子到了秦国雍城这个地方。匽喜就是宴请的意思，这是宾语前置，即匽喜天子，秦公宴请了天子。"龏（共）桓是嗣"，"龏"是秦共公，"桓"是秦桓公，"是嗣"指继承。就是说周天子很高兴，承认了秦国国君继承秦共公和秦桓公的君位。诸侯即位得到周天子的认可才是合法的，否则就是非法的，当时程序礼仪上要有这个环节。

这个国君是谁？呼之欲出，他是共公和桓公下面一代，我们一查资料，是秦景公。秦景公在位40年，时间比较长，也是秦国一位很有作为的君主，年代属于春秋晚期。

"高阳又（有）灵"，帝颛顼号称高阳氏，秦公自己的石磬铭文里说，他的祖先神颛顼或者高阳在上天显灵。"四方以鼏（宓）平"，意思是秦境内四方得以安定，像鼎的盖子一样平坦。

秦景公一号大墓石磬铭文，这是考古学材料里的内证，即秦人自己认为的始祖就是帝颛顼。20世纪80年代发掘的材料可以证明司马迁说的没错。两千多年前，司马迁《秦本纪》第一句话即说："秦之先，帝颛顼之苗裔。"所以，我们做考古的，越发掘越做工作，越觉得司马迁的伟大，越觉得司马迁说的是对的，越对他产生敬畏之心。他不但大方向是正确的，连细节都是对的。颛顼是东方民族，都城在帝丘，也就是河南濮阳。很多学者认为，这是秦人本来就是东方民族的铁证，因为他们是颛顼的后代。

还有学者想得更深。如陕西的古文字学家王辉先生，认为石磬上的铭文也可能是秦人攀亲，因为东周的时候有造神运动，各诸侯国都想和上古的英雄人物、上古的五帝攀上亲，拉上关系。秦人为了把自己和戎狄区分开来也要攀亲，这些铭文不是真实的历史反映，而是自己编造出来的一个神话。[1]

秦人一直自恃是华夏文明的一员。说秦人是戎狄其实没有太多的依据，秦人和西戎一直是世仇。不管怎么样，秦公一号

[1] 王辉：《秦族源、秦文化与秦文字的时空界限》，《秦俑博物馆开馆三十周年暨秦俑学第七届年会论文集》，三秦出版社，2010年。

图4 甘肃礼县大堡子山遗址出土的金箔饰片

大墓发掘出的这个材料对理解《秦本纪》第一句话非常有帮助。

玄鸟到底是什么鸟？秦人先祖的降生神话和商人非常类似。《诗经·商颂·玄鸟》："天命玄鸟，降而生商。"商人一位女性的祖先简狄，洗澡时也是吃了一颗玄鸟下的蛋，就生了商人的始祖契。玄鸟就是黑色的鸟，这黑色的鸟到底是什么？《楚辞·离骚》王逸注："玄鸟，燕也。"因为燕子的叫声是"乙嗌"。伯益也是取这个名字，和燕子的叫声有关系。有的学者说就是燕子；还有的学者说不是，燕子太弱，秦人尚武勇猛，祖先图腾不可能是燕子，应该是鸷鸟类的猛禽。持这种主张的，就是挖秦公大墓的韩伟先生，他是我们陕西考古界的前辈。

这个金箔饰片（图4）是从甘肃礼县大堡子山的秦公墓里流散出去的。大墓被盗得非常惨，很多文物流散到法国，被法国人收藏起来了，被吉美博物馆和一些私人藏家收藏。这个饰片很明显是鹰形或者鸱鸮形的。鸱鸮是什么？猫头鹰。现在中国人认为猫头鹰是不吉利的，但远古的时候没有这种观念。西方认为猫头鹰是智慧的化身，"黄昏夜色降临的时候，智慧的猫头鹰才刚刚起飞"。西方的文化很崇拜猫头鹰，在西亚和中亚的文物中猫头鹰并不罕见，东方文化从汉代以后认为鸱鸮是不吉利的。

1994年韩伟先生去法国游历，在法国收藏家戴迪安家中见到一批来自甘肃礼县的金箔饰片。这批东西参加了法国大皇宫的年展，并出版了《秦族黄金》图录。韩伟专门撰写了介绍和研究文章。[1]这些金箔边缘上有钉孔，金箔富有延展性，需要锤揲才能成型，锤揲的痕迹很明显；它有模子，冲压之后锤揲，形成现在的样子。它原本可能被钉在什么东西上，有的金箔片上还残留木头的痕迹。韩伟先生认为，这是钉在秦公的棺材板上的。秦人所谓"玄鸟降生"，崇拜的就是这种猛禽，而不是燕子。

后来我们逐渐清楚了它的功能。这个饰片长度有50厘米，一共出了四对八件，一左一右，它是马胄上的饰片。[2]甲和胄有什么区别？甲是披在身上的，胄是头盔。当时马身上是有马甲的，马甲主要以皮革鞣制而成，讲究的话，皮革上会装钉青铜或黄金的饰片。马头上也有马胄，也钉有饰片；这种饰片钉在马面颊的左右两侧，正好成对。四对就是四匹马的马胄，当时一辆战车恰好驾四匹马。所谓"驷马难追"，就是指套上四匹马拉的车也难追上。这种看法受到其他考古材料的启发，比如陕西韩城梁带村芮国墓地，有芮国诸侯的大墓，墓葬里出土了青铜饰片（图5），不是鸟形，但大体轮廓外形相似，出土时是和马甲、马具

[1] 韩伟：《论甘肃礼县出土的秦金箔饰片》，《文物》1995年第6期。

[2] 张天恩：《礼县秦早期金饰片的再认识》，《秦始皇帝陵博物院》总一辑，三秦出版社，2011年；梁云：《春秋秦车的武备与工具》，《李下蹊华：庆祝李伯谦先生八十华诞论文集》，科学出版社，2017年。

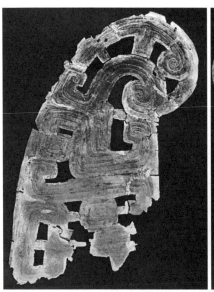

图5 韩城梁带村芮国墓地出土的马胄饰片

放在一起。梁带村的这个饰片是铜的，钉在马胄上。由此，我们反过来推测大堡子山秦公墓的金箔饰片，也应该是马胄上的。秦国比较夸张，用金片子来装饰马甲。金片防御功能比较差，主要起到标志身份等级的作用。除了鸱鸮形的之外，还有其他形状的金箔片，可能是人或马皮甲上的饰片。所以说当时秦公气势不凡，身披黄金甲，腰悬金柄铁剑，座下的四匹马都蒙着金甲，视觉上给人的冲击力是很震撼的，这是当时显示他身份地位的一种手段。

◆ ◆ ◆

> 大业取少典之子，曰女华。女华生大费，与禹平水土。已成，帝锡玄圭。禹受曰："非予能成，亦大费为辅。"帝舜曰："咨尔费，赞禹功，其赐尔皂游。尔后嗣将大出。"乃妻之姚姓之玉女。大费拜受，佐舜调驯鸟兽，鸟兽多驯服，是为柏翳。舜赐姓嬴氏。
>
> ——《史记·秦本纪》

这里讲到大费，大费就是伯翳，也作伯益。伯益帮助大禹平水土，舜就赐给大禹玄圭，玄圭就是青黑色的玉圭。"禹受曰：'非予能成'"，这不完全是我的功劳，"亦大费为辅"，也得益于大费的辅佐。这是讲伯益的功劳。"帝舜曰：'咨尔费'"，咨是一个语气词，"赞禹功"，你帮助禹平水土，"其赐尔皂游"。"皂"指黑色，"游"是旗帜上的飘带。"尔后嗣将大出"，你的后代将兴旺发达。"乃妻之姚姓之玉女"，为什么是姚姓之玉女，有没有人思考过这个事情？"大费拜受，佐舜调驯鸟兽"，秦人的祖先是善于调驯鸟兽的，驯马是一个很重要的职业，养马是古代的军国大事。

这里要注意一下，皂游和玄圭都是黑色的东西。这不是偶然的，秦始皇统一中国以后，服饰尚黑，这是有传统、有来由的。"妻之姚姓之玉女"。《说文解字》说："虞舜居姚虚，因以为姓。"舜出生在姚墟，是姚姓，那么姚姓之玉女和舜之间很可能是有关系的，也许是帝舜把自己的女儿嫁给了大费。"舜居蒲

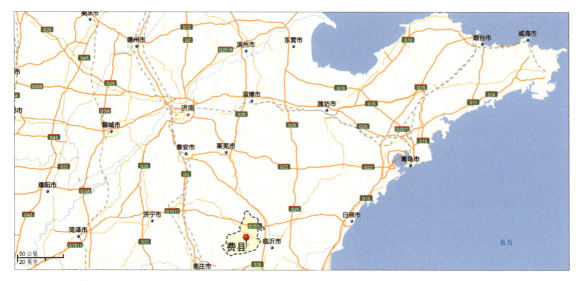

图6 费县地理位置

坂",帝舜主要活动在山西,在河东。秦人早期的时候和费这个地方有关联,费在今天山东的费县;和山西也有关系,因为娶的女子是姚姓,应该和舜有姻亲关系。看地图的话(图6),山东的费县在临沂市,位于山东的东南,这有可能是伯益的始封地。因此,很多学者认为秦人的祖先是东夷的一支也是有依据的。

2007年,朱凤瀚老师去香港见到了尧公簋[1],这件青铜簋对探索早期晋文化、晋国早期都城有重要的意义。这个簋的形制一点都不稀奇,是西周早期常见的样子:竖棱纹,双耳,耳下面再带两个小珥,圈足,饰兽面纹、涡纹、夔纹。关键是它的铭文里说:"覞(尧)公作妻姚簋,遘于王命昜(唐)伯侯于晋,唯王廿又八祀。"(图7)尧公就是作器者,因此叫作尧公簋。尧既是地名,也是人名,尧活动的地域在哪里呢?尧都就在山西襄汾的陶寺,在那里发现了大型的龙山晚期的古城——陶寺文化古城。我的大师兄何驽先生在那儿长期主持工作,他认为陶寺就是尧都。他的自信就像我们说二里头文化是夏文化一样,虽然没有文字方面的确证。尧也是地名,在中国山西襄汾这个地方有一个人自称尧公,他的老婆姓姚,是不是证明了姚姓——这是帝舜的姓氏,老家在山西?这从西周早期的金文就能得到印证。

[1] 朱凤瀚:《覞公簋与唐伯侯于晋》,《考古》2007年第3期。

其实，考古学家更关注铭文后面这句话。"遘于"，意指正好碰到，那么正好碰到什么事儿？"王命唐伯侯于晋"，王——周王，西周早期的王，到底是成王还是康王，争议很大，现在还没有定论。"命"即册命、分封的意思。"唐伯侯于晋"，唐伯是谁？晋国第一代开国之君是唐叔虞，周成王的弟弟。《史记·晋世家》里说，周成王小时候和唐叔虞一块儿玩，周成王就拿一片桐树的叶子削成了圭的形状——古代册命的时候都要有圭——把这个象征圭的东西赐给他的弟弟叔虞。唐叔虞因为他手上的纹路像虞字，所以名虞，他在兄弟辈里既不是老大也不是老二。成王说我封你为诸侯。天子无戏言，后来就把他封到了唐地，因此被称为唐叔虞。唐伯和唐叔是不是一个人？当然不是。伯、仲、叔、季，叔是老三，唐伯是老大。那么唐伯和唐叔是不是有关系？肯定有关系。唐伯是唐叔虞的大儿子。晋国的开国之君是唐叔虞，第二代就是唐伯，他还有一个名字叫晋侯燮父。周王把他改封到了晋这个地方，所以他就改称"晋侯"了。燮父曾辅佐过周康王。"唯王廿又八祀"，王的第二十八年。这里争议也很大，有学者说是成王的二十八年，这与夏商周断代工程有关联，涉及成王的纪年，成王的纪年又关系到康王的纪年，这就很复杂了。我们这里不讨论。

图7　尧公簋及铭文

● ● ●

大费生子二人：一曰大廉，实鸟俗氏；二曰若木，实费氏。其玄孙曰费昌，子孙或在中国，或在夷狄。费昌当夏桀之时，去夏归商，为汤御，以败桀于鸣条。大廉玄孙曰孟戏、中衍，鸟身人言。帝太戊闻而卜之使御，吉，遂致使御而妻之。自太戊以下，中衍之后，遂世有功，以佐殷国，故嬴姓多显，遂为诸侯。

其玄孙曰中潏，在西戎，保西垂。生蜚廉。蜚廉生恶来。恶来有力，蜚廉善走，父子俱以材力事殷纣。

——《史记·秦本纪》

"大费生子二人：一曰大廉，实鸟俗氏；二曰若木，实费氏。"为什么叫费的人特别多？肯定和山东费县有关系，因为当时的人名、族名、地名都是有关联的。"其玄孙曰费昌，子孙或在中国，或在夷狄。费昌当夏桀之时"，这里头时间上断档太多了，大费相当于大禹时候的人，大禹是夏朝的开国之君。而到了他的玄孙费昌——玄孙是第四代孙，怎么就到了夏桀？所以，玄字不能解释为第四代，而是"玄之又玄"之意，不知道多少代。玄孙遭逢夏代的末代之君夏桀，去夏归商。秦人的祖先似乎脑袋后面有反骨，永远都投奔胜利者，所以秦人能发展壮大。他们一点都不教条，一点都不顽固，见谁赢了就投奔谁。"费昌当夏桀之时，去夏归商，为汤御"。商汤大名鼎鼎，商朝的开国之君，"御"字很重要，驾车的意思。我们做考古的人解读文献就要像刮探方、刮灰坑一样，一遍又一遍，真是要咬文嚼字。"以败桀于鸣条"，商汤灭夏，鸣条之战是很重要的，这说明当时的费昌是给商汤驾着车，战胜了夏桀，商汤当时是有战车的。

那么考古发现是这样的吗？中国古代的战车能早到夏末商初的时候吗？中国古代完整战车的最早发现是殷墟时期，即商代晚期，与商代初年前后相隔近二三百年。商代早期还没有完整的战车发现。所以，很多学者认为，马拉战车在中国出现，就是从商代晚期开始的，而且和北方青铜文化的影响有直接的关系。之前有没有这方面的蛛丝马迹？也是有的，比如，1996

年在河南偃师商城发现了车辙的印子，呈凹槽状，长14米。秦始皇统一中国，车同轨、书同文，就是说车子的轨距必须统一。偃师商城的轨距是1.2米，轮牙（轮子与地面接触的面）宽度20厘米，不可能是马拉战车。我亲手发掘过秦人的车子，轮牙的宽度一般5—6厘米，轨距一般到2.56—2.67米。轨距1米多，马没法拉，除非是双辕车，但当时中国不可能有双辕车。有学者推测，这个车辙的印子是人力推车或者牛拉的载重车。不要小看马拉战车，马拉战车的出现对中国古代社会有巨大的影响，交通和战争方式都因此发生了根本的改变。甚至有学者认为，周人能灭商，就因为他的战车部队已经成为主力兵种，军队建制比商优胜。[1]

"大廉玄孙"，这个"玄"也有可能是指第四代。"曰孟戏、中衍，鸟身人言"，鸟的身子说人话？"帝太戊闻而卜之使御"，帝太戊是商代早期的一位王，商汤之后的第四代，仲丁的前一代。"吉，遂致使御而妻之"，秦人是祖祖辈辈善于养马，善于驾车，秦人的主业是"车夫"。

关于"鸟身人言"，有学者认为"鸟身"后面应断句，因为"鸟身"不是指鸟的身体，而是人身上有鸟的文身。[2]古代民族非常流行文身，俄罗斯阿尔泰地区巴泽雷克的古墓，冻土层下挖出来的干尸身上文着鹿和各种怪兽，所以秦人身上文着鸟是很正常的。"人言帝太戊"，有人告诉了帝太戊，"帝太戊"后面断开："闻而卜之使御"单独成句。这样读起来是不是就通畅了？所以文献断句不同，意思就截然不一样。

这当然是一种解读。如果按照中华书局的标点本，是否就完全不可解呢？那也不是。在有关上古民族起源的记载里，神话与传说往往杂糅在一起，这些神话传说有其文化寓意，不能一概视为荒诞。前面讲到秦有玄鸟降生的传说，并以鸟为图腾，所以秦的先祖在传说中是人首鸟身，或鸟身人言，这是完全有可能的，甚至能得到考古材料的印证。

秦咸阳宫殿遗址曾出土一块空心砖残块（图8），阴刻一个神人图像，仅存右半身，头戴三个山形的冠，应是"三维冠"；

[1]（美）夏含夷：《中国马车的起源及其历史意义》，《古史异观》，上海古籍出版社，2005年。

[2]王明信：《〈史记·秦本纪〉"鸟身人言"辩》，《河北师范大学学报》（哲学社会科学版），2002年第6期。

图8 秦咸阳"水神骑凤"空心砖

圆脸、阔口、八字胡，右耳挂一曲体青蛇，右臂曲肘上举，手如鸟爪，有两趾；前方有一凤鸟，张口含珠，长冠后展，其下与神人连接处似乎有一谷纹玉璧；凤前还有张开的鸟尾。这块砖被命名为"水神骑凤"空心砖，是很妥帖的。《山海经》中北海之神禺强，"人面鸟身，珥两青蛇，践两青蛇"，与砖画基本一致，差别仅在于后者骑凤，而不是践蛇。但凤凰也是神灵出行的坐骑，屈原《离骚》中就提到过。因此，砖画所刻应是禺强的形象。禺强既是北方、北海之神，又是水神；他是黄帝之孙，字玄冥，和颛顼是兄弟，也是颛顼的助手。《淮南子·天文训》说："北方，水也，其帝颛顼，其佐玄冥，执权而治冬。"按照五行学说，北方、水、黑色、冬季都是一体的，所以颛顼又是黑帝。秦人自认为是颛顼的后裔，对颛顼的祭祀可能比较特殊，在自家宗庙里举行。因此，在秦都咸阳宫殿或宗庙的建材上刻画颛顼及其助手的形象，既是认祖归宗，也有宣扬秦得水德的用意。[1] 神人胸部正中有三根纵向平行线，两侧又有斜向上的平行线，表现的是胸椎骨和肋骨，类似于X光透视，是一种典型的与萨满教巫师有关的艺术传统。

[1] 梁云：《秦咸阳"水神骑凤"空心砖纹内容浅析》，《秦俑秦文化研究——第五届秦俑秦文化讨论会论文集》，陕西人民出版社，2001年。

"自太戊以下，中衍之后，遂世有功，以佐殷国，故嬴姓多显，遂为诸侯。"这句话特别重要，说明商代的时候，秦人辅佐了殷王朝，世代都是贵族。只不过到了周初的时候站错了队，头领被周人杀了，后来又再度崛起。

下面我们讲到《秦本纪》中比较重要的一段话。"其玄孙曰中潏"，中潏以后，秦的世系是完整的，没有缺环。"在西戎，保西垂"，这个话很简短，意思却不明朗。"在西戎"就是在西方吗？"保西垂"，字面理解是西方的边陲，具体指哪儿呢？很多学者理所当然就认为，这个西垂就是秦人兴起的地方，在甘肃的东部。有学者比如林剑鸣先生在《秦史稿》里说，这是保商王朝的西垂，即渭河流域的关中。还有学者认为这个西垂在山西，我个人倾向于山西。

晚商时期，商人的首都在安阳殷墟，殷墟的地理位置在太行山东麓偏南一点，紧靠着它的西边就是山西，所以，说山西中南部是商王朝的西垂完全讲得通。这里涉及一个问题，山西南部地区戎狄是很多的，《左传》说唐叔虞封到山西的时候"启以夏政，疆以戎索"，就是模仿了夏代的制度，又沿袭了当地戎狄的习俗，这是晋国始封时期的国策，说明当时的晋国是有大量戎狄的。

"晋居深山，戎狄之与邻"，《左传》里也是这样说的。晋国"拜戎不暇"，初建国的时候要赶紧和周围的戎狄打交道、拜山头，因为晋国刚开始地方百里，势力还小，必须先和地方部族搞好关系，生存是第一要位。我个人倾向于中潏"在西戎，保西垂"是指在晋南，具体位置应该在山西临汾盆地。

中潏"生蜚廉。蜚廉生恶来"，一代生一代。"恶来有力，蜚廉善走"，文献比较夸张，说恶来能手裂虎兕，把老虎、豹子都撕了。老虎吃人，恶来力气大到能手撕猛兽，古人这么牛？我不太相信。"蜚廉善走"，据说是飞毛腿，日行千里。我的理解是蜚廉善于驾车，跑得快。后来蜚廉成为古代的风神，又和风结合在一起，《离骚》里说天帝出行时随从里就有蜚廉。"父子俱以材力事殷纣。"蜚廉、恶来父子俩都是以他们的本领为殷

图9 汉画中的飞廉

纣王卖命，助纣为虐，是殷纣王的心腹大臣。所以，秦人本是商的贵族，商王朝不灭亡还好，一灭亡，其地位就急转直下了。

《史记·殷本纪》说"（纣）而用费中为政"。秦人的祖先老是加一个费字，有学者说非子的"非"也是通费，费中可能就是蜚廉，说法不一。"费中善谀"，善于阿谀奉承，"好利，殷人弗亲"，殷人不喜欢他这个人。"纣又用恶来。恶来善毁谗"，喜欢背后说人坏话，"诸侯以此益疏"。这两个人都为商纣王卖力。蜚廉是商代历史中的人物，后来被演绎成风神。汉代画像石里有蜚廉：鹿的身子，蛇的尾巴，长两个翅膀。南阳汉代画像石里，前面有个人手里拿个东西，后面有个拿着灵芝的人在逗引蜚廉(图9)。汉代人相信蜚廉就是风神，汉武帝时曾经在长安建蜚廉馆。

问题一 | 秦人来源及秦文化的渊源

秦人本是中国古代东方还是西方，抑或南方还是北方的民族？《礼记·王制》把中国古代民族分成东夷、西戎、北狄、南蛮，秦人属于其中哪一支？史学界长期以来有"东来说"（或"东夷说"）和"西来说"（或"西戎说"）的争论。

"东来说"的依据是：秦和殷一样有玄鸟降生的传说；嬴姓部族历史上多居东方，比如黄国就是嬴姓，在河南潢川；徐国也是嬴姓，在江苏徐州、安徽泗洪。在邳州发掘的九女墩大墓，年代属春秋晚期，铜器铭文有"徐王之孙"，应是徐国王室的墓。所以秦人是嬴姓，也是东方民族。秦人自称为帝高阳颛顼之后，并祭祀少昊，少昊是东夷民族的祖先。

"西来说"的依据是：秦先祖"在西戎，保西垂"，秦与西戎通婚，秦杀马祭祀，秦人的屈肢葬等。

我刚才提到了关于西垂所在地的几种意见，我倾向于中潏所保的"西垂"在山西。秦人兴起、发家的地方在甘肃，山西相对于甘肃来说在东边。秦与西戎通婚的说法现在看起来很可能是个误解，我们后面还要讲到，秦和西戎是世代仇敌，秦仲为西戎所杀，秦襄公也是伐戎的时候战死的，那是血海深仇，怎么可能通婚呢？把秦杀马祭祀作为"西戎说"的证据也不充分，殷墟西北岗王陵、商王陵有大批的马祭坑，能不能说商人是西方民族？显然不能，商人起源于东方，是太行山以东的。不能因为秦人杀马祭祀就说秦人是西方民族。

有几位考古学家，比如俞伟超先生，主张"西来说"，因为秦墓有大量屈肢葬，还有洞室墓。所谓屈肢葬就是人埋葬的时候，股骨（大腿骨）和胫骨（小腿骨）是折叠在一起的，股骨和胫骨夹角小于90度（图10）。秦人大量流行屈肢葬，这样的埋葬方式和周人不一样，周人下肢是伸直的。从考古上乍一看这是个很重要的证据，但仔细再梳理考古材料会发现，秦的上层贵族，如秦公以及高级贵族不用屈肢葬，采用的还是仰身直肢葬，这是后来我们从考古材料中总结出来的。社会中下层流行屈肢葬，这说明秦人这个共同体，上层和下层来源可能不太一样。秦的洞室墓，是挖一个竖坑作为墓道，在坑壁里掏个洞室，然后把棺材放进去。这是战国时期流行的，是后来才出现的，不能用来追溯秦人早期祖先的来源。

比较而言，"东来说"较系统，理由也更充分，并且在近年考古发掘中得到了证明。这些年，我们发掘了一些早期秦文化重要的遗址，我们可以通过地图先把地理空间了解一下（图11）。刚才提到甘肃礼县县城旁边有个西山坪遗址，北边有个鸾亭山遗址（祭祀遗址），东边15公里有个大堡子山遗址，这些

图 10 秦的洞室墓和屈肢葬(毛家坪 M1025,早期秦文化联合考古队资料)

图 11 早期秦文化的重要遗址

是比较重要的。在甘谷县城西 25 公里有个毛家坪遗址，位于渭河南岸。在渭河北岸支流有个清水县，县城北侧有个李崖遗址，它们都在甘肃东部。毛家坪、李崖在渭河流域，属于黄河水系；礼县在西汉水流域，西汉水往南流入嘉陵江，是长江水系。中间隔了一道秦岭的余脉。早期秦人活动和秦文化分布的范围还包括关中的西部，汧河和渭河的交汇处有个陈家崖（或魏家崖）遗址比较重要。总的来说，早期秦人活动在关中的西部和甘肃的东部。

秦人"东来说"在考古学上有几方面的依据：

1. 人殉与人祭

周人不流行殉人，商文化墓葬里流行殉人。周人很可能自周公开始把商代这个陋习革除了，因此周人还是很伟大的。周文明可以说是中国人文主义的开始和发端。所谓"仁"，就是"人人"，即把人当人看，"二"在金文中是重文符号。孔子"仁"的思想，就是要把人当人，不能把人当牲口、当动物。商代很明显没把人当人，所以大量地殉人。周人姬姓的贵族墓、诸侯墓中很少见到殉人，不能说绝对没有，但极少，比例极低。商文化还有人祭现象，祭天、祭地等祭祀活动中把人用作牺牲。秦人继承了商文化的特点，高等级的贵族墓是流行人殉的，并且屡次用人祭。这是秦人和商文化关系密切的一个证据。

凤翔秦公一号大墓殉了 188 个人，墓道里殉了 20 个人，椁室周围二层台上殉了 166 个人，椁室周围生土台阶上放置了 166 具殉人，内侧有 72 具棺、椁齐备的"箱殉"，有自己的随葬品，可能是姬妾、近侍；外围有 94 具薄木棺盛敛的"匣殉"，可能是家内奴隶。殉人棺椁盖板上有朱砂书写的文字编号，说明当时等级森严，下葬时秩序井然（图12）。根据残存头发丝检测，殉人死于砷中毒，即服用砒霜而死。这么多人殉葬，如果他们内心极不情愿，强烈反抗，是很难实施的。所以，我怀疑很多人主观上愿意从国君于地下，甚至以此为荣，全社会也认可这种行为。《秦本纪》记为"从死"，而不是"殉葬"，是有原因的。《史记正义》

图12　秦公一号大墓殉人
（采自雍城考古队资料）

说秦穆公与群臣一起喝酒，喝得高兴了，就说："生共此乐，死共此哀。"子车氏三良当时就允诺答应。穆公死后，他们都从死。可见从死在秦国社会流行时间很长、范围很广，不限于奴隶。流行这种习俗的社会，其习性、风貌如何？可以想象一下，君主在臣民心中肯定被奉若神明。

《秦风·黄鸟》是很有名的一首诗：

交交黄鸟，止于棘。谁从穆公？子车奄息。惟此奄息，百夫之特。临其穴，惴惴其栗。彼苍者天，歼我良人。如可赎兮，人百其身！

交交黄鸟，止于桑。谁从穆公？子车仲行。惟此仲行，百夫之防。临其穴，惴惴其栗。彼苍者天，歼我良人。如可赎兮，人百其身！

交交黄鸟，止于楚。谁从穆公？子车针虎。惟此针虎，百夫之御。临其穴，惴惴其栗。彼苍者天，歼我良人。如可赎兮，人百其身！

这首诗讲的是什么呢？秦穆公是春秋五霸之一，一代雄主，豪杰之士。他死的时候，子车氏的三位良臣从死殉葬。秦国的人很惋惜，抱着一种很悲怆的心情作了《黄鸟》这首诗。"交交黄鸟，止于棘、止于桑、止于楚"，这是诗经的风格，反复咏叹。谁从穆公殉死？子车奄息。子车是子车氏。秦人往往用马车来命名，比如大骆是一种马，衡父也是用车衡来命名，子车就是子车氏。"惟此奄息，百夫之特"，"特"在古文字里是指牛，特祭就是用一只牛来祭祀，百夫之特意指百里挑一，一百个人才能挑出这么一个贤良之士。我的微信名字就叫"百夫之特"，因为我在毛家坪挖出了子车氏的铜戈。几千年前的东西落到我手上，这是缘分。

"临其穴，惴惴其栗"，走到他的墓坑跟前，如临深渊、如履薄冰、战战兢兢。秦公一号大墓深25米，站在墓坑边上真会头晕目眩。25米相当于8层楼倒扣过来，就那么深。

秦穆公虽然很有作为，但是秦国早期一些落后的习俗没有被彻底革除，比如殉人。他死了之后，秦国就开始走下坡路了，当时的君子就说："是以知秦不能复东征也。"后来果然是这样，一直到秦献公才喘了一口气，到孝公的时候才翻身。

甘肃礼县大堡子山的二号墓是"中"字形大墓（图13），东西两条墓道，东墓道为主墓道，二层台上殉7人，填土中殉12人。大堡子山秦公墓比秦公一号大墓年代要早，相当于春秋早期。

考古队在礼县西山坪发掘的西周晚期秦贵族墓葬（图14），编号M2003，是长方形竖穴墓，出了三件铜鼎，墓主人不是屈肢葬，而是仰身直肢的葬式。因此，拿屈肢葬作为秦人的来源证据是不充分的，其高级贵族还是直肢葬。这座墓的南北墓壁上开有壁龛，也殉人（图15）。殉人耳部还有玉玦，相当于耳环，其身份和墓主人比较密切。所以，秦人的杀殉之风由来已久，

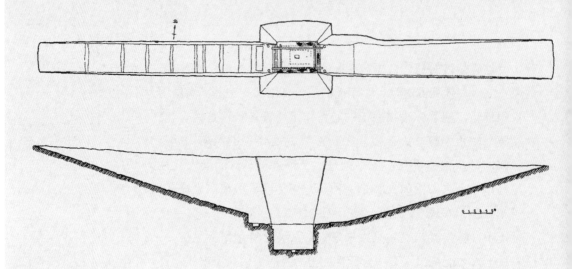

图 13　大堡子山 M2

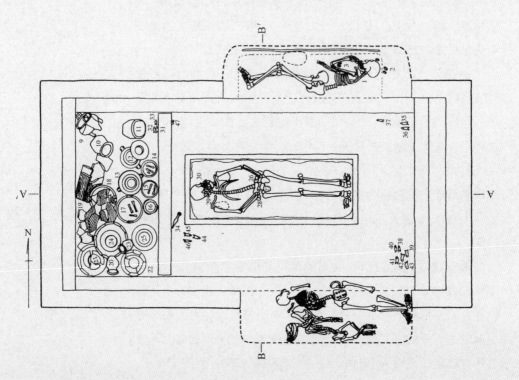

图 14　礼县西山坪 M2003（早期秦文化联合考古队资料）

图 15 礼县西山坪 M2003 壁龛殉人（早期秦文化联合考古队资料）

有长远的传统。这种习俗到秦献公的时候才被废止，秦献公即位第一年就废除了从死从葬的习俗，"止从死"（《秦本纪》）。北大收藏的汉简《周驯》里说，因为中敬子反对秦献公的改革，所以秦献公就把中敬子给废掉了，中敬子可能是秦献公的太子。这个史料是我们以前所不了解的。仔细想想这个事情，其实是很蹊跷的。中敬子的反对有传统礼俗上的依据，因为从死从葬是秦文化由来已久的传统，想一朝之间把它革除肯定会有阻力。所以，北大收藏的竹简记载这个事情也很重要，对我们理解从死从葬习俗很有帮助。

我们在礼县大堡子山遗址还发掘了一个乐器坑，此坑是把三件镈钟和八件甬钟、编磬埋进去之后，在这个地方再挖一个人祭坑，然后杀人祭祀（图16）。这是春秋秦人的习俗。同时期的国家，比如姬姓周人的国家是不采用这种习俗的，鲁国的贵

图 16 大堡子山乐器坑及人祭坑

族墓根本见不到殉人，晋国的墓葬也很少见到殉人，但秦国大量用人殉葬，杀人祭祀，说明秦人还是保留了东夷或东方民族的野蛮习俗。

2. 腰坑、殉狗葬俗

腰坑是在长方形竖穴土坑墓底部正中的位置再挖一个坑，可能是长方形，也可能是圆形的，坑里有时候会殉人，但更多的时候会殉狗。有人会问这个坑是干什么用的？它相当于奠基坑。现在建楼要举行奠基仪式，古代修建大型建筑时会挖一些奠基坑，挖墓也属于土木工程，为了安抚土地神，就要挖一个腰坑殉牲祭祀。对西北民族来说，狗是牧羊人忠实的朋友，人和狗的关系非常密切，西北土著文化里很少见到殉狗，几乎不见。但环太平洋地区的东方民族喜欢殉狗，犬祭和犬殉的习俗非常普遍。秦人墓葬里流行腰坑和殉狗葬俗，这是"东来说"的直接证据。比如李崖的西周秦墓墓底很明显有个圆形的塌陷，这就是腰坑，里面殉狗；有时候填土里也会殉狗（图17）。

看看礼县西山坪、大堡子山墓葬的平面图和剖面图（图18），可以知道在贵族墓里腰坑殉狗很普遍。大堡子山秦公墓里也带有腰坑（图13），腰坑里埋一件黄色的玉琮（图19），这是很有意思的现象。《周礼·春官》中说"苍璧礼天，黄琮礼地"，这个腰坑为什么埋玉琮？因为腰坑相当于奠基坑，古人相信天圆地方，玉琮外形是方的，中央后土的颜色又是黄色的，所以黄玉琮是献给土地神的最好祭品。

3. 车马殉葬特点

秦人贵族的车马殉葬方式和周人是大不一样的，不要小瞧这个文化特点。秦人世代是驾车的，是车夫，所以他对车马是很讲究的。秦人对青铜器可以不在乎，做得很粗糙，陶器也很粗糙，但对车马，尤其是车子一丝不苟。秦人的车马殉葬特点完全继承了殷墟商人的那一套做法，和周人大不一样。这是秦人东来的另一个证据。

先秦时的贵族才有车，一般庶民或平头百姓是没有车的，而且车要维持，要养护可不容易。养车就要修车，当时没有橡

图17 李崖 M9 腰坑及填土中殉狗(早期秦文化联合考古队资料)

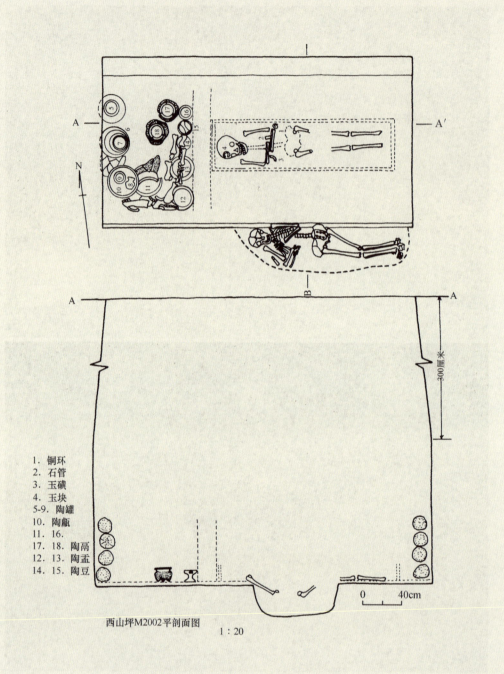

图 18 西山坪 M2002、大堡子山 M25 平面图及剖面图（早期秦文化联合考古队资料）

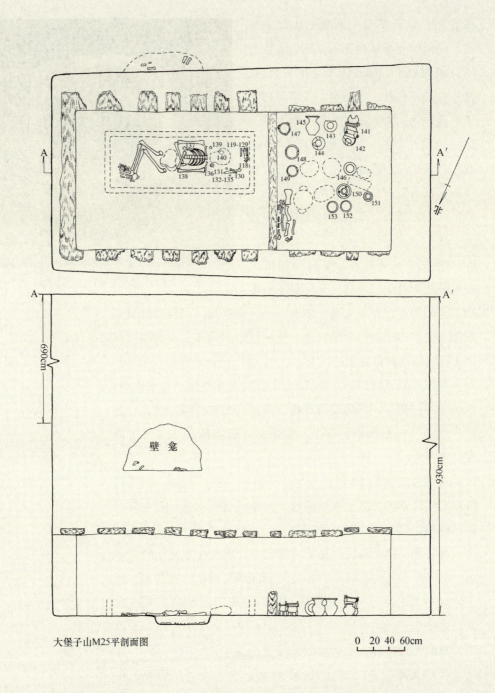

大堡子山M25平剖面图

皮轮胎，轮子都是拿两根木头鞣制成的，跑的时间长就损坏了，轮辐可能会断，因此是要养的。造车是个手艺活，是古代的高科技，集冶金、皮革等百工于一身。"一器而工聚焉者，车为多"，这是《周礼·考工记》里的话。所以，古人对马和车很讲究，尤其是贵族，在他的主墓附近往往有车马坑。在车马坑里，周人和商人、秦人车马埋葬的方式不一样。

秦人的车马殉葬，车与马在坑内放置成使用时的驾乘状，车马是不分离的，马不离车，车不离马，多辆马车纵向排列。而且墓坑里一般都不随葬车马器，驾乘状态、使用状态的马车，车马器应该出土在它使用的位置上。

图19 大堡子山秦公墓腰坑出土玉琮

我们先看看殷墟的车马坑（图20），马车按使用状态来埋葬。两匹马拉一辆车，马的前面有衡，马之间的构件叫车辀，后面是车舆。马在系驾的位置上，很明显，殷墟的马车是马不离车，车不离马。

再看看秦墓的车马坑（图21上）。有四马拉一车的，四匹马都在它们驾乘的位置，两骖两服（外侧的两匹叫骖，有左骖右骖；内侧的两匹叫服，有左服右服），都在其系驾的位置上，这叫驾乘状。这是秦人车马的埋葬特点，完全按照使用时的状态。所以，秦人的车马埋葬方式完全继承了殷墟，和商人、商文化是一致的。而且文献记载，秦人祖先曾经给商王当过车夫，驾过车。

我们发掘的甘谷毛家坪的车马坑，编号K201（图21下），算是一个中型车马坑，10米长，3米宽，一共埋了三辆车，东西向。它有个规律，马头和车辀都朝东，马在东，车在西，都在系驾的位置上。主车是中间这辆，它只有两匹马。不是马多了，车的级别就高。中间这辆车两匹马的身上有皮甲，皮甲上

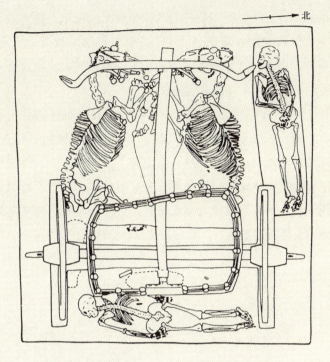

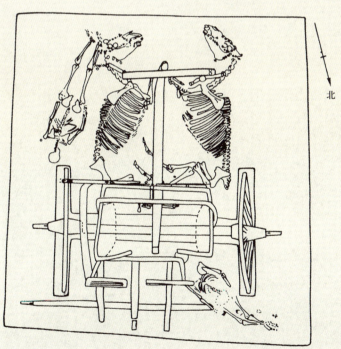

图 20 殷墟车马坑
（上 郭家庄 M52；
下 梅园庄 M40）

有彩绘的纹饰。第三辆车是殿后的,叫属车或副车,是驾四马的。在坑的西北角有藤条编的筐子,里面有绵羊和山羊的头,可能是祭祀用的。这个车的主人是子车氏家族的人,从这张照片上可以看出秦人车马埋葬的方式。

周人的车马埋葬方式与秦不一样。如山西曲村的晋侯墓地,有东西向长方形的晋侯车马坑,中间一道隔梁将其隔开,分为东部的马坑和西部的车坑,东部埋了100多匹马,西部埋了6排48辆车(图22)。这两种埋葬方式明显不大一样。晋国是姬姓周人建立的,唐叔虞是周成王的弟弟,晋人的车和马是分开埋葬的,是按闲置状态,而不是使用状态殉埋的。

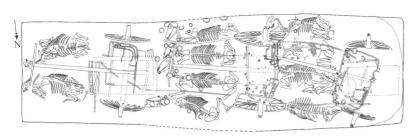

图21 秦人车马坑
(上 凤翔孙家南头 K3;
下 甘谷毛家坪 K201)

图22　山西晋侯墓地一号车马坑

4. 商式风格的陶器

在清水李崖遗址，我们发现了19座西周时期的墓葬，出土了商文化风格很浓的商式陶器。最典型就是陶鬲（图23:1、2），它带有强烈的商式鬲风格，口沿是方唇，裆部是分裆的，这在殷墟的陶鬲里很多见的。厚唇的陶簋（图23:3），在殷墟也是比较多见的。还有折肩的大口尊（图23:4）。这些都是商文化风格的陶器。李崖遗址发掘之后，我们觉得秦人"东来说"已尘埃落定，因为原来一直没有发现具有如此浓厚商文化风格的器物群。

有的人会问，李崖这个墓地没有出土文字资料，凭什么说它是秦人的？实际上，我们做考古学的不一定非要靠出土文字资料，没有文字也可以研究它的来源出处。李崖的墓葬在很多细节方面与后来的秦墓是一致的。比如墓中死者人骨的头向西偏北；它有窄长形的墓坑，其墓坑长宽比达到2∶1；腰坑里殉狗，狗头的方向和人头的方向是一致的。这些与后来的秦墓在细节方面都是一样的。所以，虽然器物上有变化，但它们应该属于同一个文化、同一个人群。而且从历史地理考证上来说，李崖这个地方就是"非子封邑"的所在地。

图23 清水李崖西周墓出土的商式陶器

周墓罕见殉人,商墓则多见殉人;周墓一般无腰坑,殉狗少,商墓带腰坑,殉狗的比例比较高;周人车马殉葬,车马分置,商人或殷遗民的殉葬车马坑是车不离马,马不离车;周人墓葬陶器的组合以鬲、罐为主,种类及数量较少,商人或殷遗民墓葬陶器种类及数量较多,有鬲、簋、盆、罐等。从这几方面来看,秦人和殷遗民关系密切,可以说是广义上殷遗民的一支。

第二讲

从蜚廉事纣到庄公伐戎

> 周武王之伐纣，并杀恶来。是时蜚廉为纣石北方，还，无所报，为坛霍太山而报，得石棺，铭曰"帝令处父不与殷乱，赐尔石棺以华氏"。死，遂葬于霍太山。
>
> ——《史记·秦本纪》

"周武王之伐纣，并杀恶来"。怎么杀的？周武王伐纣，杀入了朝歌，一箭射入恶来之口，把恶来射死了。我的一个师弟路国权写了《说"恶来"——秦族起源再探》[1]，他认为"恶"字就是"亞"字，商周金文里经常有"亞"字族徽符号，它是一种官爵的代称。恶来就是"亞来"，说明恶来是有职位的。

"是时（武王灭商的时候）蜚廉为纣石北方"，"石北方"是什么意思？有学者认为应解读成"使北方"。"还，无所报"，为什么无所报？组织已经被灭了，纣王也已自焚而死，他肯定没有办法复命了。"为坛霍太山而报"，他就在霍太山这个地方修建了一个祭坛祭祀殷纣王，说我已经完成使命了。

可能在修祭坛的过程中得了一个石棺。古代修建大型建筑前先要处理地基，挖一个坑，夯实之后在上面再行建筑。可能在挖的过程中挖出一口石棺，上面还有一段铭文"帝令处父不与殷乱，赐尔石棺以华氏"。帝应为上帝，处父指蜚廉。上帝命令蜚廉不要掺和殷王朝那些乱七八糟的事情，并赐给石棺，让他可以炫耀门第。"死，遂葬于霍太山。"霍太山又被称为太岳，就是霍山，在今天山西的临汾地区，山西还有个霍县，因为在霍山的旁边而得名。

蜚廉的经历有不同的版本，《史记·秦本纪》是一种说法。《水经注·汾水》和《史记·秦本纪》大同小异，说："《禹贡》所谓'岳阳'也，即是霍太山，上有蜚廉墓。……蜚廉先为纣使北方，还，无所报，乃为坛于霍太山而致命焉。得石椁，铭曰：'帝令处父不与殷乱，赐汝石棺以葬！'死，遂以葬。"我觉得这段话有可信和不可信的地方。葬于霍太山可信，为纣出使北方也有可能，但说挖了一口石棺，石棺上面还有字，告诉他怎么样怎么样，这就有点不可信了。

[1] 路国权：《说"恶来"——秦族起源再探》，《咸阳师范学院学报》2011年第5期。

《孟子·滕文公下》提供了另一种说法："周公相武王，诛纣伐奄，三年讨其君，驱飞廉于海隅而戮之，灭国者五十，驱虎豹犀象而远之，天下大悦。"这里是说周公二次东征的事情。周人第一次东征是周武王灭商。之后，武庚和三监叛乱，周公领命摄政，二次东征，将蜚廉赶到海边，把他杀了。这个海边应该是东海的边上，今山东那边。同时也把很多嬴姓的部族和国家都灭掉了。说蜚廉被杀死在山东，这和《史记·秦本纪》说蜚廉死在山西完全不一样。

近些年，清华大学整理了一批战国中期的楚简，里面有一百多支简是关于周代世系以及历史的，编为《系年》。其中有一部分说"飞历（廉）东逃于商盍（盖）氏"，商盍就是商奄，在今天山东的曲阜。"成王伐商盍（盖）"，指周公二次东征，"杀飞历（廉），西迁商盍（盖）之民于邾（朱）圄"。这里的说法和《孟子》是一样的。"以御奴虘之戎，是秦先人。""奴虘之戎"是专有名词。这里把秦人的西迁说得有鼻子有眼，时间、地点一清二楚：从商盍迁到邾（朱）圄。李学勤先生认为，邾（朱）圄就是天水郡冀县的邾（朱）圄，在今天甘肃的甘谷县。

2011年，《光明日报》学术版发表了李学勤先生的观点。[1]其实在此之前，就有很多学者主张秦人"东来说"[2]。秦人东来也不是《清华简》最终证实的，因为《清华简》也是文献的一种——出土文献。从文献到文献，并不是二重证据法。《清华简》所说秦人东来的时间和地点也不稀奇，《孟子》已经多少提到了类似的说法。李学勤先生说"邾（朱）圄"就是汉代冀县，冀县就在甘谷县。甘谷县保存最好、面积最大的秦文化遗址就是毛家坪遗址。《清华简》的说法对不对？考古挖掘之后印证一下就知道了。当时我和赵化成老师（北大考古文博学院的教授，从事早期秦文化考古研究）在李崖遗址发掘，看到这个消息，我说："赵老师，毛家坪遗址的地位陡然上升了。"

三十年前赵老师就挖过毛家坪遗址，当时他作为研究生实习，做了小面积发掘，第一次找到了西周时期秦文化的东西，这是赵老师的功绩。以前我们见到的秦文化都是东周时期

[1] 李学勤：《清华简关于秦人始源的重要发现》，《光明日报》学术版2011年9月8日。

[2] 林剑鸣：《秦人早期历史探索》，《西北大学学报》1978年第1期；何汉文：《嬴秦人起源于东方和西迁情况初探》，《求索》1981年第4期；尚志儒：《早期嬴秦西迁史迹的考察》，《中国史研究》1990年第1期；何清谷：《嬴秦族西迁考》，《考古与文物》1991年第5期。

的。2011年,我和赵老师说这个遗址值得再挖,验证一下《清华简》。如果发掘到的东西的年代能早到西周成王时期,就与《清华简》的记载对上了;其次,既然是商奄之民的东西,应该有浓厚的商文化色彩。如果这两点吻合,《清华简》就肯定没问题,板上钉钉。赵老师就说:"就是,我们应该挖!"

重挖毛家坪,从2012年开始。2012到2014年连续发掘了3年,共挖了200座墓葬,2000多平方米的面积。要解决问题,没有量是不行的。赵老师在30年前挖了30座墓葬,200平方米。挖完的结果怎么样呢?学术目的达到了吗?首先年代不要说成王时期,西周中期都到不了。30年前,赵老师说最早的年代(第一期)是西周早期,年代可能断早了。我这么说是有自信的,因为经过这些年对相关资料进行系统对比,已经比较清楚了。现在看来,甘谷毛家坪秦文化就是从西周晚期开始的,和周初成王时没有丝毫关系,首先年代就对不上。

那有没有商文化的色彩?发掘结果表明,清水李崖那种商式陶器一件都没有,屈肢葬也不是商文化的习俗,和《清华简》都对不上。我们到底应该相信考古资料还是相信《清华简》?我认为,《清华简》也是文献的一种——出土文献,是战国楚人记载的周初的事情,距离竹简所记事件的年代已经将近七百年了。古人记七百年前的事情一定准吗?我认为值得怀疑。

当时秦楚之间互相骂仗,楚人瞧不起秦人,说秦人是戎狄,是俘虏,地位低贱,秦人被强制迁徙过去戍边。秦有"诅楚文",就是秦人诅咒楚人的石刻文字,骂楚人背信弃义。互相对骂,就有情绪,记载就不一定准确了。所以,我对《清华简》的这段记载持怀疑态度。也就是说,《清华简》并非无可置疑,不见得就能把司马迁给推翻了。

《清华简》里说,曲阜一带的土著商奄之民被迁到了邾(朱)圉山。朱圉山现在还有,是一片红色的山体,砂岩。《水经注》里也有记载,说风吹过去,砂岩会呜呜发出声音,预示着会有战争,也就是杀伐之声。朱圉山附近,离得最近、面积最大的秦遗址就是毛家坪遗址(**图24**)。我想还是要在考古学上

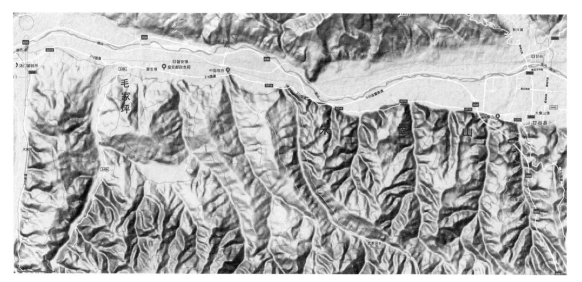

图 24　朱圉山与毛家坪遗址位置

解决这个问题,考古既然不支持《清华简》,那我也不支持。

◆　◆　◆

> 蜚廉复有子曰季胜。季胜生孟增。孟增幸于周成王,是为宅皋狼。皋狼生衡父,衡父生造父。造父以善御幸于周缪王,得骥、温骊、骅𫘧、𫘧耳之驷,西巡狩,乐而忘归。徐偃王作乱,造父为缪王御,长驱归周,一日千里以救乱。缪王以赵城封造父,造父族由此为赵氏。自蜚廉生季胜已下五世至造父,别居赵。赵衰其后也。
>
> ——《史记·秦本纪》

"蜚廉复有子曰季胜",蜚廉的长子是恶来,是秦人的祖先;还有一个小儿子季胜,是赵人这一支的祖先。"季胜生孟增。孟增幸于周成王,是为宅皋狼","宅"是动词,表示居住,即孟增住在皋狼这个地方。皋狼就是《赵世家》中的"郭狼",在山西吕梁山地区的离石县。黄河拐了一个大弯从北向南流,南流黄河的北段就在山西离石县。"皋狼生衡父,衡父生造父",衡是车子的一个部件,压在马脖子上的那个横杠,上面架着轭。衡父生造父,一代生一代。

"造父以善御幸于周缪王"，秦人祖祖辈辈都善于驾车，或者善于养马，"得骥、温骊、骅骝、騄耳之驷"，即穆王八骏之四。周穆王西巡，周游天下，造父得到八匹千里马，献给周穆王。古本《竹书纪年》里有一句话："北唐之君来见，以一骊马是生绿耳。"就是讲周穆王的时候，北唐之君来见，献了一匹黑马，黑马生的马驹就叫绿耳，绿耳也是穆王八骏之一。这个北唐之君是谁？就是造父。"北唐"可以解释为唐地之北，也可以理解为北方之唐地，周人往往以成周（洛阳）为中心来说东南西北，所以后者的可能性大。我曾讲过唐和唐叔虞，唐在临汾，造父的封邑一开始和晋国的始封地唐距离很近。如果再联系到之前还讲过的尧公簋，早期秦人和山西就有千丝万缕的关系。

"西巡狩，乐而忘归"，巡到哪儿去了？说不清楚。《穆天子传》带有传说、异闻录性质。有学者说《穆天子传》史料价值很高，认为穆天子至少到了青海湖那边，见了西王母。关于西王母的说法也很多，西王母到底在哪儿？我去甘肃泾川县，那里有个西王母祠堂，每年都举行盛大的祭祀西王母的活动。还有学者说汉代人祭祀西王母的石房子都找到了，就在青海湖边上。

"徐偃王作乱"，徐在江苏、安徽一带。古代彭城改名为徐州，因为这是古代徐国的中心。"造父为缪王御，长驱归周，一日千里以救乱。"一天驾车能飞驰千里，长驱直入去救乱，这显然又夸张了。而且有的学者说徐偃王和楚文王是同时代的人，春秋早期的人和周穆王隔着三百年，关公战秦琼，这个记载是要打折扣的——司马迁的记载也不一定完全正确，但这不是司马迁自己捏造，他是把流传到他手里的史料记录到《史记》里。

"缪王以赵城封造父，造父族由此为赵氏。"穆王把赵城封给造父，造父就有了自己的封邑。赵城就在今天的洪洞县，50年代叫洪赵县，就在霍太山的西麓。那里有造父的封邑，造父族由此开始姓赵，这是赵人赵氏得名的由来。"赵钱孙李，周吴郑王"，赵是《百家姓》中的第一大姓，赵人的老家在山西。

西周时期的人名、族名和地名是完全一致的。秦人也是一样的，非子因为封到了秦地，所以，这支族人被称为秦人。

"自蜚廉生季胜已下五世至造父"，蜚廉到季胜、衡父、造父五代，都居住在赵。"赵衰其后也"，赵衰就是后来晋国大臣赵盾的父亲。蜚廉以及赵国的先祖都居住在赵城。

秦人这一支居住在哪儿呢？看看秦赵先祖活动地点位置图（图25）。上面的地名，如霍太山、洪洞县，是造父活动的地带；河津县有蜚廉氏的祠堂，颛顼的帝都在濮阳，商奄之民在曲阜。西边是甘谷毛家坪遗址，还有礼县西垂、西犬丘。相对甘肃来讲，山西也是东方。

下面讲到秦人这一支：

❖ ❖ ❖

恶来革者，蜚廉子也，蚤死。有子曰女防。女防生旁皋，旁皋生太几，太几生大骆，大骆生非子。以造父之宠，皆蒙赵城，姓赵氏。

——《史记·秦本纪》

恶来革是蜚廉的儿子，"蚤（早）死"，他是被周武王射死

图25 秦赵先祖活动地点（采自《考古与文物》1991年第5期）

的。"有子曰女防",这个女防不是女子,是儿子。"女防生旁皋,旁皋生太几,太几生大骆",骆是一种马,秦人的祖先往往以车、马来命名。"大骆生非子",非子被封在了秦地,这一共就是五代。

秦、赵是共祖的,赵人的祖先居住在山西,秦人同时代的祖先居住在哪儿?司马迁没有明言,只说"皆蒙赵城,姓赵氏"。"蒙"是承蒙之意,因为造父被封在了赵城,秦人也沾光了,也开始姓赵氏。《史记·秦始皇本纪》中说"及生,名为政,姓赵氏",嬴政又名赵政。北大收藏有汉简《赵正书》,就是讲嬴政的,秦始皇是姓赵的。

《秦本纪》最后一句话:"太史公曰:秦之先为嬴姓。其后分封,以国为姓,……然秦以其先造父封赵城,为赵氏。"太史公最后又强调了一遍。重要的事情说两遍,可见秦人曾经姓赵确有其事。当时西周的人名、地名是一致的,秦人既然姓赵,就说明他们也住在赵城或赵城附近,即洪洞县附近。

《左传·隐公八年》:"天子建德,因生以赐姓。"古代贵族的姓有的是赐的,有的以祖、父的字为姓,有的以官名为姓。好比司马是官职,又如赵氏、秦氏,则以所赐封地为姓,这是古代族群姓氏的几种来历。秦人姓赵,说明他们曾经居住在赵城附近。这一条非常重要,虽然司马迁没有明说。

赵化成老师姓赵,他总对我说:"我们做秦文化考古不是偶然的呀,我姓赵,秦人也曾经姓赵。我做了一辈子秦文化,挖到了毛家坪,第一次就找到了西周时期秦文化的东西。大堡子山是我挖的,乐器坑是我挖的,秦子的东西我也挖出来了。这都不是偶然的,是缘分。你也有缘分,你姓梁,梁也是嬴姓,是秦人的一个分支。秦仲的小儿子在宣王的时候被封在了陕西的韩城,就是梁国、梁氏,这就是梁姓的来源。你做秦文化考古也是有原因的,否则你做不好。"我说:"您说的太对了。"

有意思的是,在礼县有两个"赵坪"村,一是永坪乡赵坪村,即大堡子山遗址;二是永兴乡赵坪村,即圆顶山遗址。或许说明秦人迁到礼县是姓赵的,当地村民或为秦人后裔。2011年,我和赵老师还专门组织了秦赵之旅的考察,到山西跑了一趟,还去了洪洞县。那边修了一个很大的宗族祠堂,香火旺盛得很,中国的百家姓都可以在那里追根溯源,这和明代的迁徙有关系。山西这个地方相对封闭,人口很多,明初因为经过中原大战,人口太少,就从山西往中原地区迁徙,洪洞县是个中转站。有人可能会说,你作为秦人后裔怎么挖祖坟呢?我说与其让别人挖不如我自己挖,我还心安理得呢。我就把老祖宗子车氏的东西挖出来了,子车氏也是嬴姓。商代就有子氏的贵族,比如子龙、子鱼,都是甲骨文里商的贵族。子车也一样,这个名字就是商贵族起名的方式。我相信,子车是秦人的公族,是有原因的。子氏都是商贵族。另外以车马为名也是秦人祖先就有的习惯。

◆ ◆ ◆

非子居犬丘,好马及畜,善养息之。犬丘人言之周孝王,孝王召使主马于汧渭之间,马大蕃息。孝王欲以为大骆适嗣。申侯之女为大骆妻,生子成为适。申侯乃言孝王曰:"昔我先郦山之女,为戎胥轩妻,生中潏,以亲故归周,保西垂,西垂以其故和睦。今我复与大骆妻,生适子成。申骆重婚,西戎皆服,所以为王。王其图之。"于是孝王曰:"昔伯翳为舜主畜,畜多息,故有土,赐姓嬴。今其后世亦为朕息马,朕其分土为附庸。"邑之秦,使复续嬴氏祀,号曰秦嬴。亦不废申侯之女子为骆适者,以和西戎。

——《史记·秦本纪》

非子为周孝王养马养得好,孝王打算立他为大骆的继承人。申侯姜姓,女儿嫁给大骆,生的儿子是成,为嫡子,非子为庶子。孝王很喜欢非子,想把他立为嫡。周代很注重嫡庶之别的,不能随便扶正。嫡子成的后面有申侯支撑。申侯势力很大,他说,当年我们的祖先骊山氏之女就和秦人的祖先戎胥轩结亲，现在又通婚，是亲上加亲，唯其如此，才能使西戎顺服。"戎胥轩"这个名字也很有意思，这个"戎"不是戎人，古代把战车称为戎，比如《秦风·小戎》，小戎就是指轻型的战车。戎胥轩也是拿车来命名，轩就是指车的前栏。所以，秦赵的祖先都是拿车马来命名的。

"生中潏，以亲故归周，保西垂，西垂以其故和睦。"这句话和《秦本纪》前面的记载有矛盾。如果我们认同了申侯这句话，中潏归周，为周人保西垂，那再一想，他的儿子是谁？蜚廉。他的孙子是恶来。蜚廉和恶来是纣的心腹大臣。商、周在纣王时期尖锐对立，文王的父亲王季就是被商人杀掉的，彼此间有血海深仇，当时周人誓死要把商给灭掉。所以，如果中潏已经投靠了周人，他的儿子、孙子会投靠商王朝吗？不可能。因为商代的政治是血缘政治，个人离开了家族不可能有任何作为，也不会有任何保障。我们说"蜚廉、恶来事纣王"的历史不容否定，因为这在《赵世家》《殷本纪》里都有记载。所以反过来说，中潏就不应该是为周人保西垂，而是为商人保西垂。因此，申侯这段话其实不可尽信，很多学者就持怀疑的态度，说这是申侯故意拉长与秦人交往的历史，以增加其言辞的说服力。

孝王无奈之下，就把非子封到了清水。唐代的《括地志》中说："秦州清水县本名秦，嬴姓邑。十三州志云秦亭，秦谷是也。"文献中记载，非子的封邑在唐代清水县，今天还叫清水县。我们说清水李崖的墓是秦墓，这在历史地理上是有依据的。《汉书·地理志》说："后有非子，为周孝王养马汧、渭之间。孝王曰：'昔伯益知禽兽，子孙不绝。'乃封为附庸，邑之于秦，今陇西秦亭秦谷是也。"可见班固也认为非子的封邑在陇山之西。

◆ ◆ ◆

秦嬴生秦侯。秦侯立十年，卒。生公伯。公伯立三年，卒。生秦仲。

秦仲立三年，周厉王无道，诸侯或叛之。西戎反王室，灭犬丘、大骆之族。周宣王即位，乃以秦仲为大夫，诛西戎。西戎杀秦仲。

秦仲立二十三年，死于戎。有子五人，其长者曰庄公。周宣王乃召庄公昆弟五人，与兵七千人，使伐西戎，破之。于是复予秦仲后，及其先大骆地犬丘并有之，为西垂大夫。

庄公居其故西犬丘，生子三人，其长男世父。世父曰："戎杀我大父仲，我非杀戎王则不敢入邑。"遂将击戎，让其弟襄公。襄公为太子。庄公立四十四年，卒，太子襄公代立。

——《史记·秦本纪》

秦嬴就是非子，他儿子秦侯在位十年，孙子公伯在位三年，曾孙为秦仲。秦仲在位第三年的时候（公元前842年），在犬丘的大骆、成这一支被西戎灭族。这个犬丘应该是西犬丘，可能在甘肃礼县。周宣王即位后封秦仲为大夫，秦人第一次成为贵族。西戎的势力很强大，是当地的土著。秦人和西戎反复角力，吃了败仗。秦仲在位第二十三年（公元前822年），伐戎战死，所以我们说秦人和戎人是有世仇的。

周宣王给予庄公七千兵马，一举伐破西戎。七千兵马在当时不是个小数字，是可以左右政治时局的一股力量。所以庄公势力大涨，伐破西戎，把西犬丘所在的礼县、西汉水这块地方收复了。"于是复予秦仲后，及其先大骆地犬丘并有之，为西垂大夫。"秦庄公继承了父亲秦仲的爵位，也称"大夫"。周代的大夫一般名号前面要加个封邑，他的封邑就是西垂，西垂和西犬丘是一回事，这点我赞同王国维的说法。陇山以西基本都是他的地盘（图11），包括渭河上游、西汉水上游，这个面积很大，不亚于当时的诸侯国。所以，庄公虽然号称大夫，但他的实力已经相当于一方诸侯，地位很高，而且他是王朝的大夫。周王直属的大夫和诸侯国的大夫是不一样的，后者地位要低得多，晋国的大夫和周王手下的大夫地位不能同日而语，晋侯的地位也就相当于王朝卿大夫。这是秦人崛起的一段关键历史。

秦人原本一直被戎人打压，为什么能崛起而咸鱼翻身？因为周宣王给了他七千兵马。周王朝的支持，是秦人崛起的关键。

"庄公居其故西犬丘"，西犬丘是秦人的故都，也是大骆、成这一支的居邑。这一支被西戎灭族，西犬丘也被戎人占据。所以秦仲、庄公伐戎，伐的就应是西汉水之戎，目的是为了光复故都，夺回旧地。直到庄公取得胜利，才重新回到西犬丘。庄公的长子为报祖父秦仲之仇，誓杀戎王，将太子之位让给弟弟襄公。"大父"就是祖父。庄公在位44年，公元前778年，太子襄公代立。这是秦人立国之前的状况。这里需要注意一点，秦人称"公"是在襄公立国之后，"庄公"是他死后的追称，相当于谥号，不是活着时候的自称。

问题二 | 嬴秦西迁前的居地

现在讨论第二个问题。如果说秦人"东来"没有问题，那么是什么时候东来的？从东边什么地方来的？目前有三种说法：商代晚期从关中西迁；西周早期从山东西迁；西周中期自山西西迁。

第一种说法是商代晚期自关中西迁说。邹衡先生就持这个观点，他的《先周文化研究》里说，秦人商代晚期就在关中活动，后来迁徙到了甘肃。[1] 他举金文的例子就是"亚罗罐"，一种商末周初的铜折肩罐，上面有族徽"亞罗"。他说罗这个字，像手里拿一个网兜在捕鸟（图26），在发音上和"费"相通，所以，这个罗族就是费，就是秦人的祖先，而且秦人的祖先善于驯服鸟兽，正好与之契合。文献的例子就是申侯这句话：

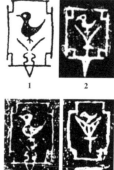

图26 商代金文中的亚罗

[1] 邹衡：《夏商周考古学论文集》，北京，文物出版社，1980年。

"为戎胥轩妻,生中潏,以亲故归周。"说明秦人在商代晚期从关中迁到了甘肃,为周人保西垂。

这个资料其实是不太可靠的,因为我翻检过甲骨文中所有㠱族的材料,㠱族经常祭祀商的先公先王,如上甲微,上甲微是商人的先公;还祭祀河,祭祀岳,都是商人的祖先神。在上古时期,不是你的祖先不能随便乱祭,乱祭就是淫祀,淫祀无福,没有福报。既然㠱族祭的是商人的祖先,说明是子姓商人的一支。秦人是嬴姓,嬴姓和子姓是两个族群,姓氏都不一样,所以㠱族肯定不是嬴姓的秦人,一定是子姓商人的一支。这个证据我认为是靠不住的,而且前面讲过,对文献的分析也有问题。另外,考古学文化也不太支持,因为从殷墟二期以后,商文化就撤离了关中。在殷墟三、四期的时候,关中地区已没有商文化的分布(表1)。而中潏的年代应该在殷墟三、四期之间,所以,他以及他的族人不可能使用商文化,没办法"去商归周"。

表1 关中地区含商文化的遗址分期列表

时期 遗址	二里岗 下层时期	二里岗 上层时期	殷墟一期	殷墟二期	殷墟三期	殷墟四期
西安老牛坡	1期 (商文化)	2期 (商文化)	3期 (土著文化)	4期 (土著文化)	5期 (土著文化)	6期 (土著文化)
耀县北村	1期 (商文化)	2期 (商文化)	3期 (商文化)			
华县南沙村、 蓝田怀珍坊	商文化					
扶风壹家堡			1期 (商文化)	2期 (非商文化)	3期 (刘家文化)	4期 (郑家坡文化)
周原王家嘴				1期 (商文化)		2期 (碾子坡文化)
礼泉朱马嘴		1期 (商文化)	2期 (商文化)	3期 (商文化?)		

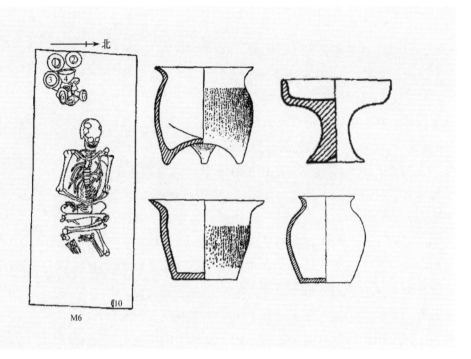

图 27 毛家坪 M6 及陶器

　　第二种说法来自《清华简》,即西周早期自山东西迁。可是毛家坪的考古发掘不支持,这点我在前文已经讲过。考古材料和《史记·秦本纪》能契合,和《清华简》不能契合。《史记·秦本纪》记载秦祖蜚廉葬在山西霍太山,秦人先祖活动在山西中南部,这在山西考古上是有线索的。毛家坪的秦墓是屈肢葬,头向西,陶器根本就没有一点商的色彩、商的味道(图27),和商文化扯不上关系。年代也对不上,陶器都是西周晚期的,到不了西周早期,更不用说成王时期了,成王是西周初年的,那相当早了。所以,第二种说法也有点靠不住。

　　第三种说法是西周中期从山西西迁的,我比较倾向于这个说法。因为秦、赵共祖,赵人的老家肯定在山西,这没有变过,所以,秦人的祖先也很有可能是在山西。有的学者研究在霍山南北曾经存在一批以牧马为业的国族,商代蜚廉族为其中之一。[1]考古学上,在晋南发现了一些西周墓,和秦墓一样,也是东西向的,比如说绛县横水的西周墓地,东西向,流行殉人、腰坑殉狗(图28);在翼城大河口西周墓地,也流行东西向墓型和头西足东

[1] 孙亚冰、林欢:《商代地理与方国》,中国社会科学出版社,2010年。

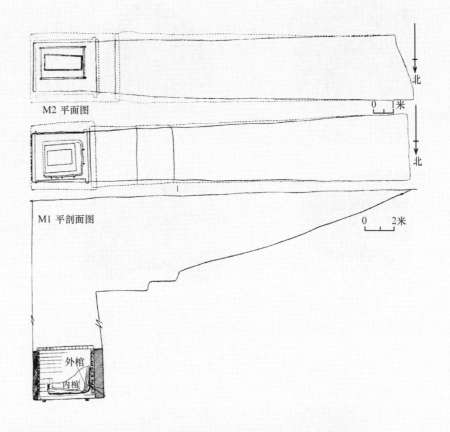

图 28 绛县横水西周墓(《文物》2006 年第 8 期和《考古》2006 年第 7 期)

图29　陶鬲（上　山西浮山桥北；下　甘肃清水李崖）

的仰身直肢葬式，有腰坑殉狗。这些习俗也与清水李崖秦墓相当一致，说明在文化上它们有共通性。根据考古上的证据和线索，我们可以认为秦人是从山西中南部迁徙到甘肃的。

当然，这仅仅是个建设性的观点，还没有得到证实。在山西浮山桥北发现的商末周初"先"族的墓地，所出陶鬲和清水李崖的鬲很相似，都是分裆的方唇鬲（图29）。类似的陶鬲在汾阳杏花村墓地也有发现，年代属于商代晚期。这些都是线索。当然，我们还没有找到完整的相当于大骆之前、恶来之后的这支秦人在山西居住时期留下来的墓地，找到了才能彻底地解决这个问题。

问题三　｜　西犬丘、秦邑探寻

西犬丘是秦人的第一处都邑，是大骆、成的居处，周厉王时成这一支被西戎所灭。秦庄公依靠周宣王给予的七千兵马，一举伐破西戎,收复西犬丘。襄公立国的时候,仍然以西犬丘为都。文献或称之为"西垂",有"西垂宫"。

为什么西犬丘前面有一个"西"字?说明它在秦汉的西县,今天甘肃的礼县。所以在大的范围里,去甘肃礼县寻找西犬丘应该是没有错的。而且礼县在 90 年代初发现了秦公大墓,在大堡子山遗址,被盗掘得非常惨烈,之前跟大家说过了。

2004 年,由北京大学、西北大学、国家博物馆、陕西省考古研究院、甘肃省文物考古研究所五家研究机构组建的联合考古队,对西汉水上游进行系统调查,发现有六八图—费家庄、大堡子山—圆顶山、西山坪—鸾亭山—石沟坪三个相对独立又互有联系的大遗址群,也可以说是早期秦文化的三个中心分布区(图30)。

图30　西汉水流域早期秦文化分布中心区

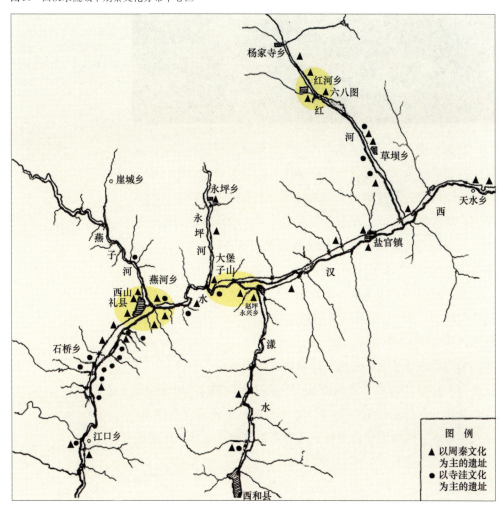

西垂有声

图31 礼县西山坪遗址的遗迹和遗物（早期秦文化联合考古队资料）

1. 夯土城墙
2. 陶水管道
3. 贵族墓 M2003 铜陶器物
4. 陶鬲

我们知道，中国有一条河叫汉水，那这条河为什么叫西汉水？实际上它跟汉水都发源于嶓冢山，而且又是在嶓冢山的西侧，所以称之为西汉水。中国的河流大多数是从西向东，因为中国的地形是西北高、东南低，但这条河比较特殊，是从东向西流。我初到礼县的时候，礼县的人说："西汉水倒着流，不出英雄出刁头。"这是当地的谚语。

我们从上游的天水乡一直跑到江口乡，整个这一段包括礼县和西和县。图30中的三角和圆点就是遗址的分布状况。我们总共调查了94处遗址，周代的遗址有38处。遗址主要分两类，三角代表秦文化的遗址，圆点代表着当地的少数民族，就是跟秦人作战的西戎文化的遗址。有三个相对独立的中心区，一个是礼县县城附近的西山坪遗址，还有一个就是大堡子山，以及它东南方向的圆顶山遗址。还有东边红河乡的六八图和费家庄的遗址群。秦的早期都邑西犬丘，应该在这三个中心之一。我们就笨人笨办法，一个中心一个中心地做工作，逐个做排查，希望最终能找到。

我们在最西边的中心西山坪遗址，也就是礼县县城西侧，发现有西周晚期的铜礼器墓（图31:3）、夯土建筑基址及陶排水管道（图31:2），还有城墙（图31:1）。西犬丘的年代，文献记载是从西周中期（周孝王时）开始的。这个遗址的年代，从居址出土陶鬲来看（图31:4），是从西周晚期开始的，而且遗址的面积仅仅10万平方米。该遗址与西犬丘在年代、规模上不完全吻合，但可能性值得重视。

大堡子山遗址是非常有名的，90年代初惨遭盗掘的秦公大墓就在这里。通过2006年的发掘，我们了解到大堡子山遗址的繁荣期在春秋早期，其城墙、大型基址、大墓都属于这个时期，但没有发掘到西周时期的东西。我们发掘的面积足够大了，发现它的年代和文献中西犬丘的年代也不吻合。逐一排查之后，我们下一步的目标可能就是红河流域的六八图。

如果看一下从天水至礼县的地图（图32），北面是渭河上游，渭河的河谷，流经天水市。南面是西汉水，流经礼县。唐代《括地志》说西犬丘位置："秦州上邽县西南九十里，汉陇西西县是也。"上邽县在哪儿？就在今天的天水市。秦汉时的一里相当于今天423米，天水市西南九十里，约合38公里，以

图32 上邽与红河乡位置示意图

图33 六八图遗址（上 等高线图；下 远景）

它为半径在西南方向划一道半圆,基本落在礼县红河乡那个地方。北魏郦道元《水经注》说秦人的都邑西垂（西犬丘）在杨廉川水,也就是今天的红河。

六八图遗址在红河水库,名字跟元代的地名有关系。六八图的南边是费家庄,这个地形非常好（图33上）,从南隔着红河往北看,遗址的后山就像一个大靠背椅一样,靠山面河,这是比较好的地区。古人选择、营建都邑要占卜,占卜吉利之后才能营建,山形水系都要考虑到。这个遗址前面的台地面积很大,至少有20万平方米;很平展,能容纳足够多的人口;又临着河,水量很充沛,这从六八图遗址的远景照片上就能看出来（图33下）。

更重要的是,1920年在红河乡出土了一件秦公簋（图34上）。具体地点在庙山,六八图遗址向北翻过去的后山。这件东西出土的时候被扔在当铺里,从天水辗转到了兰州,在兰州的酒店里面盛汤汤水水用,酒店老板不认识。后来被甘肃的督军张广建看到,他把这个东西收了。之后又到了天津,卖给一个叫冯恕的古董商,这个人最后把东西捐给了北京的故宫博物院。后来故宫博物院又把它给了中国历史博物馆,即今天中国国家博物馆的前身。

1926年,王国维在北京的古玩市场见到了秦公簋,看到了铭文,大为震撼,立即提笔作跋。我们现在读到的《秦公敦跋》,就是专门讲这件器物的。秦公簋体量不大,装饰春秋晚期很流行的细密的蟠螭纹。器盖和器壁内侧都有铭文（图34下）。铭文很长,可以读一下:

"秦公曰:不（丕）显（朕）皇且（祖）,受天命",这个口气很大,他说皇祖受天命,他的皇祖应该就是秦襄公,襄公立国,被封立诸侯。"鼏宅禹责（迹）",在大禹治理过的地方建邦立业,什么地方?就是中土神州。"十又二公",他有十二位先公。"才（在）帝之坏（坯）",在上帝左右。"（严恭）夤天命,保乂业厥秦,虩事蛮夏",恭敬地遵循天命,打理秦国基业,小心翼翼地处理蛮狄和华夏的事务。"余虽小子,穆穆帅秉明德",

图 34 秦公簋及铭文

我虽然是年轻人，但还是要保持好的德行，推行善政。"剌剌（烈烈）桓桓"，"迈（万）民是敕"，老百姓都很拥护、爱戴我。"咸畜胤士"，官员都聚拢在我身边。"蔼蔼文武，镇静（靖）不廷"，能文能武之士镇抚国家，镇压不安定的因素。"虔敬朕祀"，我虔诚地举行祭祀活动；"乍（作）嘉宗彝"，我做了这件宗庙祭祀的器物。"以卲（昭）皇且（祖）"，"其严趩各，以受屯（纯）鲁多釐，眉寿无疆，畯疐才（在）天，高引又（有）庆，竈有四方，宜"。意思是说，我祖先的在天之灵，保佑我们国运长久。

这件器物非常有名，很多大家都做过研究。里面涉及几个难题：作器者是谁？这个秦公到底是谁？铭文里面提到"十又二公"，还写了皇祖受天命，这个皇祖又是谁？很明显，皇祖应该是襄公，襄公始建国。十又二公，如果从襄公往后算，静公该不该算在里面？静公没有成为国君，他是老太子。文公在位五十年，太子先文公而死。太子的儿子，即长孙宪公继位。我后面会讲到，秦武公钟镈的铭文里是算静公不算出子的。出子是宪公的儿子、武公的弟弟；他在宪公去世后被权臣拥立即位，在武公之前。

如果静公和出子都算进去，十又二公，从文公开始算，作器者就是秦哀公，相当于春秋晚期。大家可能不太熟悉秦哀公有什么业绩。我们知道申包胥哭秦廷。申包胥和伍子胥是好朋友，当时，伍子胥出逃楚国的时候发誓一定要把楚国灭掉。申包胥回答说如果你把它灭了，我一定把它救回来。后来伍子胥就到了吴国，真把楚灭了。申包胥跑到秦国求救，秦君不理，说这件事跟我有什么关系？申包胥在秦廷哭了七天七夜，当时的秦君就是秦哀公。秦哀公说，楚国有这样的忠臣，就不该亡。于是派了五百战车，帮助楚国复国。《诗经·秦风》里面有一首诗叫《无衣》，"岂曰无衣？与子同泽"，有人说就是秦哀公作的。秦哀公在位36年，是一位很有作为的君主。所以，秦哀公做这件秦公簋，也合情合理。如果算静公不算出子，或者算出子不算静公，从文公往后推算12位，那做器者是秦景公。秦景公在位40年，秦景公大墓就是凤翔秦公一号大墓，出土的石磬铭文中有"高阳有灵，龏桓是嗣"。所以如果说这件东西是秦景公所做，可能性也是很大的。

我为什么说这件青铜器对探讨西犬丘非常重要呢？因为它是用在宗庙里面的，铭文中说："乍（作）嘉宗彝。"在古代的城市中，有宗庙的才能被称为都邑。因此这件器物的出土地很可能是一处都邑。其秦代铭文有："西元器一斗七升八奉，簋。"明确记载这件器物是用在"西"的。"西"即秦汉的西县。王国维认为，这件器物就出在西垂的陵庙里。所以其出土地就是西犬丘。当地政府很重视庙山这个地方，立了一块"秦公簋出土地"的纪念碑。

考古发现、金文记载、文献记载，三者完全契合。我们考古调查发现有大遗址；金文中提到"西"，是秦公做器；文献中提到上邽西南九十里。那么我们说六八图这个遗址，包括庙山这一带作为西垂、西犬丘的可能性是存在的。当然这还是逻辑上的推测，最终还要看勘探和发掘工作能否找到城址、宫殿之类的大型建筑和高等级墓葬，因为这些才是判断遗址性质的决定性证据。礼县的考古工作，前些年主要在前两个中心，今年（2017）开始在六八图工作，已经勘探出了墓地。

第二处都邑是秦邑，就是秦祖非子的封邑。今天的牛头河，《水经注》中称之为"东亭水"。牛头河上游有两条支流，一条是樊河，在《水经注》中被称为"清水"；还有一条是后川河，在《水经注》中被称为"秦水"，或者叫"秦川"。《水经注》说秦川有"育故亭，秦仲所封也"，其实说的就是非子的封邑。又说，"清水上下，咸谓之秦川"。显然郦道元认为，非子的封邑秦邑，是在渭河北岸的牛头河流域。

为了寻找非子的封邑，我们从2005年到2008年在牛头河流域进行了一个系统的区域调查，共发现34处周代秦文化遗址，主要分布在县城附近牛头河的中游，这一块遗址点的分布最为密集（图35）。其中又以李崖遗址面积最大，它位于清水县城北侧，面积可达百万平方米，很明显，这是一处超大规模

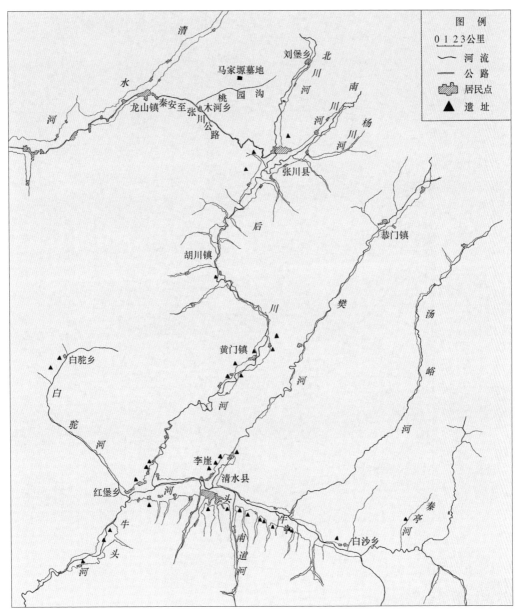

图 35　牛头河流域周代遗址的分布

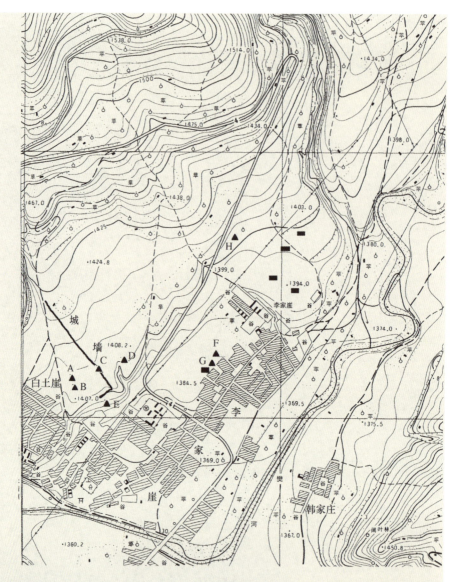

图36 清水李崖遗址（早期秦文化联合考古队资料）

的中心聚落，为流域的中心遗址，很有可能就是非子的封邑所在。这个遗址的地形地貌也是傍山面河，位于樊河和牛头河交汇的三角台地。它的西北有一个二级台地，东南有一个一级台地，中间有一条清水到张川的公路穿过（图36）。我们编了若干个发掘点，A、B、C、D、E、F、G，从2009年到2011年，连续发掘了三年。在二级台地上有城墙，是北魏时期的。这个城的性质现在比较明确，就是北魏时期清水郡的郡城。

已经发掘的清水李崖的西周墓葬，为长方形竖穴土坑墓，死者为仰身直肢葬式，头向西偏北（图37:1）。出土了商式风格的陶器，普遍有腰坑和殉狗。陶器如方唇分裆鬲（图37:2）、三角划纹簋（图37:4）、折肩绳纹罐（图37:3）、素面弦纹小罐（图37:6），还有西戎文化的陶器，比如马鞍形口双耳罐（图37:5）。墓葬的年代为西周中期。

从这些发现来看，清水李崖遗址可能是非子的封地。但是我们目前只发掘到了一些陶器墓，还没有发掘到高级别的贵族墓葬、铜器墓，也没有发掘到大型的建筑基址。因此，有学者对此观点表示怀疑，理由是封邑性质的遗址不可能没有高级别的东西。需要说明的是，李崖遗址被当地砖厂取土破坏得很厉害，不排除重要遗存已遭破坏的可能。今天，清水县博物馆的一件青铜觯就征自李崖（图37:7），年代属西周中期，该遗址很可能是存在铜器墓的。目前没发现，并不代表不存在。而且秦的西周时期陶器墓也很难得，发现得并不多，关中一座没有，礼县才发掘了4座，数量上远远不如李崖，由此可见李崖遗址的重要性。

另外，遗址的南部全被今天的李崖村和汉赵充国陵园叠压，工作难度很大，没有办法进行勘探，而遗址南部恰恰应是整个遗址中最适宜人居的地方。这也是局限之所在，我们只能期待以后有机会进一步做一点工作。

对秦的早期都邑西犬丘和秦邑的探讨，主要是在考古学上进行的。可以说我们有了初步的线索，还没有最终的定论，需要进一步做工作。

图 37　清水李崖的墓葬及出土器物（早期秦文化联合考古队资料）

问题四 | **不其簋是秦器吗?**

讲到庄公就涉及第四个问题：不其簋的归属。不其簋是非常有名的西周晚期的铜器，国家博物馆藏有不其簋的簋盖，它的铭文讲不其受命，跟猃狁作战。猃狁是西周晚期的北方民族，在金文里面写作"严允"，他们大举入侵周人的领土。周人奋起反抗，派兵征伐，不其受命出征。

上世纪 80 年代，在山东滕州的一座西周古墓里又发现了完整的不其簋的器身。这个器身与中国历史博物馆的铜簋的器盖能搭配，这是很有意思的。一件东西分置两处，铭文器物一模一样。很多学者，包括一些古文字学的大家很早就对不其簋的铭文进行了研究。比如陈梦家先生就说，不其簋是秦人的青铜器，不其就是秦庄公。[1]因为庄公名"其"，这个"不"字在古汉语里往往作为虚词，无实意。他还认为铭文中的白氏可能是虢季子白，当然也有可能是秦仲，就是庄公的父亲。

后来李学勤先生继承了这个说法，他的文章发表得非常早，是 80 年代在《文物》上刊发的。[2]他也认为，不其簋是秦国早期文物，不其就是秦庄公，白氏可能是秦仲，或者是另外什么人。陕西学者王辉先生，也赞同这个看法。[3]

关于这个问题，我们可以看一下这件青铜器的形制(**图38**)和铭文。簋是盛稻粱或黍稷的。古代的青铜器有鼎有簋，鼎是煮肉或者盛肉的，簋就是用来盛饭的。这是西周晚期簋典型的样式，腹部带瓦棱纹，口沿饰窃曲纹，双环耳，圈足下面有三个小足。

铭文中讲述西周晚期猃狁大举入侵，不其率军抵抗(**图39**)。"隹（惟）九月初吉，戊申，白（伯）氏曰：'不

[1] 陈梦家：《西周铜器断代》，中华书局，2004 年，第 318、319 页。

[2] 李学勤：《秦国文物的新认识》，《文物》1980 年第 9 期。

[3] 王辉：《秦铜器铭文编年集释》，三秦出版社，1990 年，第 2—6 页。

图38 不其簋

其,驭方狁广伐西俞。'"在铭文里白氏位高权重,可能是当时的执政大臣。接下来讲到北方少数民族大举入侵,广伐西俞。"西俞"到底指哪里,是西方边境或是具体的地名?还不太清楚。"王令(命)我羞追于西",即周王命令我向西追击。"余来归献禽(擒)",意指我打了胜仗,斩获了敌人,过来报捷、献俘。"余命女(汝)御追于洛",我命令你驾车,追击到洛这个地方。有的学者说这个词不读"洛",或者可以读作"略"。到底怎么读,现在还没有定论。"女(汝)以我车宕伐狁于高陶(陵)",你率领我的战车部队,征伐狁,到了高陶这个地方。王国维认为,高陶是高陵,陕西有一个高陵县。"女(汝)多禽(擒),折首执讯",你斩杀的敌人很多,把俘虏的头砍下来,"执讯"就是俘虏。"戎大同从追女(汝)",戎人追击你。"女(汝)彶(及)戎大敦搏",你跟戎人进行了艰苦的搏杀。"女(汝)休,弗以我车函(陷)于艰",你不让我的军队陷于危险的境地。"女(汝)多禽(擒),折首执讯。"

"白(伯)氏曰:'不其,女(汝)小子女(汝)肇(肇)诲(敏)于戎工。'"不其你很有军事才能。"易(锡)女(汝)弓一、矢束",赐给你一张弓,十支箭。"臣五家、田十田,用从乃事。""不其拜稽手(首),休。用乍(作)朕皇且(祖)公白(伯)、孟姬尊簋,用匄多福。"这里的"公白"很重要,因为在非子之后是秦侯,秦侯在位十年,传位给了公伯,公伯在位三年,然后传位给秦仲,秦仲在位二十三年。所以,李学勤先生认为不其簋是秦器的一个重要理由,就是铭文中有公白,他认为这个公白就是《秦本纪》中秦人的先祖公伯。

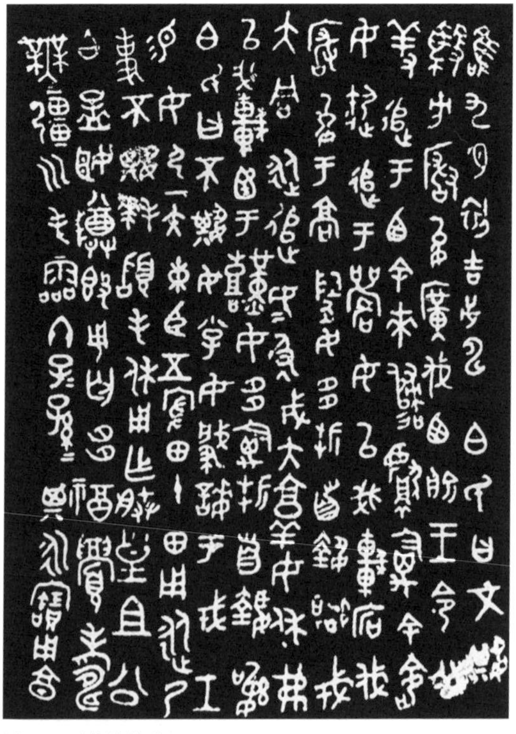

李学勤先生的这个说法我们不

图39 不其簋铭文

表2 禹鼎、多友鼎和不其簋铭文对比

器物	禹鼎	多友鼎	不其簋
事件起因	用天降大丧于下或（国），亦唯噩（鄂）侯御方率南淮尸（夷）、东淮尸（夷），广伐南或（国）东或（国），至于历内。	唯（惟）十月，用猃狁放（方）兴，广伐京师，告追于王。	佳（惟）九月初吉，戊申，白（伯）氏曰："不其，驭方猃狁广伐西俞。"
王命	王乃命西六师殷八师曰："翦伐噩（鄂）侯御方，勿遗寿幼。"肆师弥守匈匡，弗克伐噩（鄂）。	[王]命武公："遣乃元士，羞追于京师。"	王令（命）我羞追于西。
侯伯命	肆武公乃遣禹率公戎车百乘，斯、驭二百、徒千，曰："于口朕肃慕惠西六师东八师伐噩（鄂）侯御方，勿遗寿幼。"	武公命多友率公车，羞追于京师。	余命女（汝）御追于洛，女（汝）以我车宕伐猃狁于高陶（陵），女（汝）多禽（擒），折首执讯……
得胜	于禹以武公徒御至于噩，敦伐噩，休只厥君御方。	癸未，戎伐笱（旬），衣（卒）孚（俘）……复夺京师之孚（俘）。	戎大同从追女（汝），女（汝）彶（及）戎大敦搏。女（汝）休，弗以我车函（陷）于艰，女（汝）多禽（擒），折首执讯。
献俘		多友乃献孚（俘）、馘、讯于公，武公乃獻于王。	余来归献禽（擒）。
王赏赐		[王]乃曰武公曰："女（汝）既静京师，釐女（汝），易（锡）女（汝）土田。"	
侯伯赏赐	肆武公亦弗叚（遐）望（忘）朕圣且（祖）考幽大叔、懿叔，命禹肖朕且（祖）考，政于井邦。……肆禹稽首对扬武公不显耿光，用乍（作）大宝鼎。禹其万年子子孙孙宝用。	公亲曰多友曰："余肇事（使），女（汝）休！不逆，有成事，多禽（擒），女（汝）静京师。易（锡）女（汝）圭瓒一、汤（锡）钟一肆，鐍鉴百匀（钧）。"多友敢对扬公休，用乍（作）尊鼎。用朋用友，其子子孙孙永宝用。	白（伯）氏曰："不其，女（汝）小子女（汝）肇（肇）诲（敏）于戎工。易（锡）女（汝）弓一、矢束、臣五家、田十田，用从乃事。"不其拜稽手（首），休，用乍（作）朕皇且（祖）公白（伯）、孟姬尊簋，用匄多福。眉寿无疆，永屯（纯）灵冬（终）。子子孙孙其永宝用喜（享）。

赞同。[1]我们认为不其簋不是秦器。理由何在？我们来看铭文。"女（汝）休，弗以我车函（陷）于艰"，不其率领的是谁的部队？白氏的部队，是白氏的私人武装，不是王师。拿不其簋跟西周晚期的禹鼎、多友鼎比较就会发现，铭文的格式几乎一样，都是因外敌入侵，武公或是白氏，命手下，就是家臣，率领他的私属部队抵御入侵。比如多友鼎铭文中有，"狁放（方）兴，广伐京师"，即武公命多友率公车出战。公车即武公私人的战车部队。禹鼎的铭文中有："武公乃遣禹率公戎车百乘。"禹率领的也是武公的战车。同样，不其率领的也是伯氏的私属部队："女（汝）以我车宕伐狁于高陶（陵）。"格式一致，内容相同，年代也一样。如果对读，我们就能明白不其簋的性质和不其的身份。

不其的身份现在呼之欲出：他率领的是白氏的私人武装，而不是王师，所以不其是白氏的家臣。王师和贵族私属部队是不一样的，在周代，大贵族是拥有自己的私人武装的。

那么秦庄公是怎么回事呢？庄公讨戎是怎么取得胜利的？《秦本纪》说得很清楚：周宣王给了他七千兵马。这七千兵马是什么性质？是王师。一个是王师，一个是大贵族的私属部队，在性质上是完全不一样的。秦庄公当时的身份是秦人的族长、西垂大夫，他统领的领土，包括渭河上游和西汉水上游，地位不亚于一方诸侯，因此，他不可能给别人当家臣。

我们再来看看最后的赏赐："白（伯）氏曰：'不其，女（汝）小子女（汝）肇（肇）诲（敏）于戎工。易（锡）女（汝）弓一、矢束、臣五家、田十田。'"打了胜仗才给这么点赏赐，这是很低的。比较一下周王给秦庄公的赏赐：他的故地西犬丘，还有从渭河上游一直到西汉水上游的领土，这是完全不可同日而语的。

由以上对铭文内容的分析，我们可以得出这个结论：不其簋不可能是秦人的器物，不其的身份也不可能是秦庄公。

[1] 赵兆、梁云：《不其簋秦器说考疑》，《秦始皇帝陵博物院》（年刊），2015年。

第三讲

襄公救周，始命列国

襄公元年，以女弟缪嬴为丰王妻。

襄公二年，戎围犬丘，世父击之，为戎人所虏。岁余，复归世父。

——《史记·秦本纪》

我们再来看《史记·秦本纪》的正文。"襄公元年，以女弟缪嬴为丰王妻。"女弟就是妹妹。"缪嬴"，先秦女子的名字都是名在前，姓在后，嬴姓，名缪。"为丰王妻"，襄公把他妹妹嫁给了丰王。丰王是什么人？研究者说法不一，现在比较流行的说法，认为丰王是戎王。

问题五　丰国及其文化

西周王朝最后被犬戎所灭。西周的首都在丰镐，丰是指沣河。沣河以西叫丰京，以东叫镐京。文王都丰，武王都镐，丰镐的地点就在今天西安市的西南郊。有学者认为，因为西周王朝被西戎灭掉了，所以沣这个地方就被西戎占据。西戎占据了沣以后自称为丰王，所以丰王就是戎王。

我一开始也觉得这个推断有道理，后来觉得不对。有两个理由：第一，秦和戎一直是世仇，秦仲就是被戎人所杀。襄公的哥哥世父宁愿不当秦人的首领，不当这个族长，把位子让给弟弟，也要击杀戎人，报祖父的仇。他说"我非杀戎王则不敢入邑"，这是《史记·秦本纪》里的原话。所以从秦和戎世代为仇的情况来看，襄公不可能和戎人通婚或联姻。

第二，据《史记·十二诸侯年表》，襄公元年为公元前777年，即周幽王五年、晋文侯四年。周幽王是西周的末代国君，在位十一年，最终被西戎、申侯联合所杀，西周灭亡。在周幽王五年的时候，沣镐这个地方还在周人的手里，是西周的都城，戎人怎么可能占据沣镐呢？所以这个丰王不可能是戎王。

那么，这个丰王到底是什么身份呢？现在还不很清楚。先秦时期存留很多疑案，有待大家去解决

丰国很复杂。上古中国有多个丰国，有姜姓、姞姓、妊姓、姬姓等，大多在山东或江苏。

比如，近年在山东高青陈庄发现的西周城址，就属于姜姓丰国，城墙内有祭坛、墓葬、车马坑；墓葬出土的铜器带铭文："丰启作厥祖甲齐公宝尊彝"。祖甲齐公就是赫赫有名的姜太公，他的孙子启被封在丰这个地方（陈庄），就叫"丰启"；陈庄古城可能是姜姓丰氏的采邑。

再比如，1976年在陕西临潼零口西段发现一个铜器窖藏，著名的利簋就是在那次出土的，同时出土的还有一件青铜盉，为西周晚期的扁体盉，盖顶卧大鸟，器身饰涡纹和重环纹，铭文说："王作丰妊单宝盘盉，其万年永宝用"（图40）。有学者认为这个"丰妊"是周王的王妃，娘家是妊姓的丰国[1]，在江苏丰县一带。[2]我们知道，汉高祖刘邦以及他的一帮手下都来自江苏丰县、沛县，所谓"满朝文武皆丰、沛"，指的就是这个地方。

传世铜器铭文还提到名为"丰姞"的女子[3]，应来自姞姓的丰国，有人认为这个丰国也在江苏丰县一带。[4] 1990年，在河南三门峡虢国墓地发掘了一座名为"孟姞"的贵族妇女墓，出土了一件丰伯簋，该器物可能就是丰国贵族所做，随孟姞陪嫁到了虢国。

[1] 曹定云：《周代金文中女子称谓类型研究》，《考古》1999年第6期。

[2] 朱继平：《金文所见商周逢国相关史实研究》，《考古》2012年第1期。

[3] 朱凤瀚：《商周家族形态研究》，天津古籍出版社，2004年增订版。

[4] 张娟、刘社刚：《丰伯簋铭文及相关史实考》，《中原文物》2014年第5期。

图40 丰妊盉及其铭文

特别值得注意的是姬姓的丰国。文献记载周武王把他的弟弟、文王的第十七子封在了丰，地点在今天的户县。沣河源自户县南山，向北流到了西周都城沣镐遗址。所以这个丰国位于沣河上游，在今天的户县境内，也就是沣镐遗址的西南方向。周原西周墓的铜器铭文中提到的"丰姬"，可能就是来自姬姓丰国的女子。传世品中有"丰王"铭文的铜泡、斧，表明丰国已称王。西周时某些地方诸侯可以称王，如矢王、吕王，王国维早已经指出这点。这些诸侯为周之同姓或异姓，臣服于周，这种称王现象不被周天子视为叛逆。后来楚、越称王，都属于此类。

在陕西的丰国就这么一个，其他都在东方。所以《秦本纪》中娶秦襄公妹妹的丰王，应该就是位于户县的姬姓丰国的首领。

这个说法在考古学上其实是有一定线索的。上世纪70—80年代，在户县南关抢救性清理了两座春秋早期的铜器墓[1]，一座出土了五鼎四簋，一座出土了七鼎六簋。这两座墓都是南北向的竖穴土坑，稍有破坏扰动，人骨腐朽，痕迹不清，有成套的青铜礼器，如鼎、簋、壶、盘、匜等（图41），放置在椁室的北端，说明死者埋葬时头向北；墓坑底部无腰坑，也没有殉人和殉狗；墓内随葬车马器，还有铜翣，就是一种长柄羽扇基部的铜饰件，呈山字形，属于周人独创的礼仪用具。这些都是姬姓周人墓葬的传统特点，墓主人应为姬姓周人。墓葬的级别相当高，现在知道的春秋早期诸侯墓，如虢国、芮国国君墓只随葬七鼎六簋。秦国的国君墓，如礼县大堡子山的大墓，也不过随葬七鼎。户县南关的七鼎墓，规格和他们相当。几乎可以肯定地说，这是姬姓丰国国君的墓，即丰王之墓。

《秦本纪》说秦襄公的妹妹嫁到丰国，可见秦、丰间通婚。有趣的是，这在考古学上好像也能得到印证。1974年，在户县宋村清理了一座春秋早期的贵族墓，为东西向竖穴土坑，死者骨架腐朽，葬式不清，但随葬品集中摆放在椁室的西端，死者可能头向西。墓底有腰坑，坑内殉狗。墓室的二层台上还殉葬

[1] 曹发展：《陕西户县南关春秋秦墓清理记》，《文博》1989年第2期。

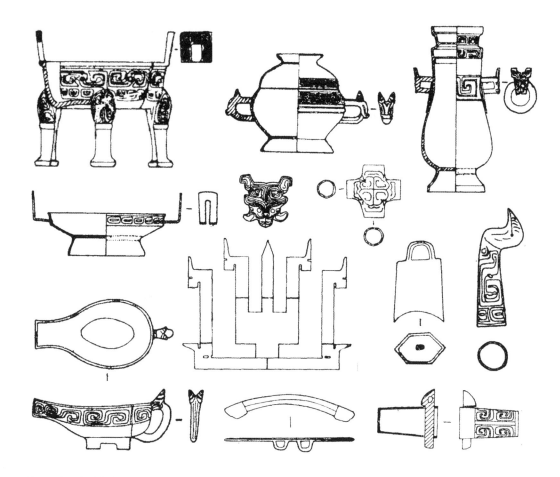

图 41　户县南关春秋墓出土铜器

了四个人。这些埋葬特点和秦墓完全一致,而与上述姬姓周人的墓大不相同。这座墓随葬五鼎四簋的成套铜礼器,还有车马器、陶器、玉石器等,但没出土一件兵器,因此墓主人应是一位贵族女性。比较户县南关的丰国墓,以及同时期的秦墓,发掘者认为这可能是一位嫁到丰国的嬴姓秦女的墓,他们当时直接把这座墓称为"秦墓"[1]。

除了秦国,当时还有其他国家与丰国联姻。清光绪年间在陕西户县曾出土著名的宗妇组铜器(**图42**),计有七鼎、六簋、二壶、一盘,铭文均为:"王子剌公之宗妇郜嬰为宗彝鼒彝,永宝用,以降大福,保辥郜国。"即王子剌公的配偶郜嬰做了这些

[1] 陕西省文管会秦墓发掘组:《陕西户县宋村春秋秦墓发掘简报》,《文物》1975年第10期。

铜礼器，祈求䣙国好运多福。这个"王子"就是丰王之子。䣙嬰是来自䣙国、嫁到丰国的女子。可见䣙、丰之间也联姻。䣙国在哪里不是很清楚。更有意思的是，2014年北京大学师生在周原贺家村考古实习，发掘了一片西周时的殷遗民墓地，其中一座贵族墓的铜器铭文说周王的王后派昔鸡出使韩国，受到赏赐的事。昔鸡服务于王室，曾担任王后的"外交代表"，与䣙嬰应属于同一国族，虽然二人生活的年代有早晚。

无论户县南关墓、宋村墓的出土器物，还是宗妇组铜器，它们的器形、纹饰都具有强烈的秦文化风格，与典型的秦铜器几乎没有差别，如铜鼎为立沿耳、浅腹、大平底或圜底，蹄足根粗壮，饰窃曲纹和环带纹。这说明春秋早期秦人的势力已经到达并控制了这里，丰国的文化受秦文化影响很深。

图 42 宗妇鼎及铭文

秦襄公即位当年就与丰镐附近的封国邦君联姻，用意深焉。当时周朝上下弥漫着一种大难将至、风雨欲来的氛围，宗亲贵族如虢、郑纷纷欲东迁以自保。危机往往意味着机遇，襄公正是看到了这一点，先手布局，秦、丰联姻，为秦人势力进入宗周之地埋下了伏笔。西戎、犬戎攻破丰镐，杀幽王于骊山下，并未波及丰镐西南的丰国。周室东迁后，宗周附近的丰国失去靠山，转而投靠秦国，成为秦的附庸，是顺理成章的事；其遗存有浓厚的秦风，也就不足为怪了。甚至可以说，秦后来能伐灭荡社，在杜地设县，也离不开丰国的接应与支持，但秦功成之日，就是丰灭国之时。因此我们现在看到的丰国文化遗存，也就止于春秋早期，未见此后的遗物。

问题六 | 平王东迁与秦始建国

七年春，周幽王用褒姒废太子，立褒姒子为適，数欺诸侯，诸侯叛之。西戎犬戎与申侯伐周，杀幽王郦山下。而秦襄公将兵救周，战甚力，有功。周避犬戎难，东徙洛邑，襄公以兵送周平王。平王封襄公为诸侯，赐之岐以西之地。曰："戎无道，侵夺我岐、丰之地，秦能攻逐戎，即有其地。"与誓，封爵之。襄公于是始国，与诸侯通使聘享之礼，乃用骊驹、黄牛、羝羊各三，祠上帝西畤。

十二年，伐戎而至岐，卒。生文公。

——《史记·秦本纪》

"七年春"，这个七年是襄公的七年。"襄公于是始国"，秦人开始立国。"与诸侯通使聘享之礼，乃用骊驹、黄牛、羝羊各三，祠上帝西畤"，骊驹就是黑鬃的红马，羝羊就是公羊。这是讲秦襄公立国前后的一段历史，最主要的事件是周幽王末年的叛乱，幽王宠爱褒姒，废长立幼，废嫡立庶。太子的娘家不简单，是申侯，背景强大；申侯跟西戎联合，攻杀周幽王。平王被迫东迁，襄公又送平王东迁有功，秦才被立为诸侯。襄公在位第十二年，襄公伐戎战死。文公是襄公之子。我们从这一段话来看，秦开始成为诸侯国的那一年就是周平王东迁之年。

那么问题来了，平王东迁到底是哪一年？根据《史记·十二诸侯年表》，秦襄公七年，周幽王十一年，幽王为犬戎所杀，秦始列为诸侯，这一年是公元前771年，周尚未东迁。下一年，秦襄公八年，周平王元年，公元前770年，周室东迁洛邑。这与《秦本纪》的记载有矛盾，按照《秦本纪》，应该是到公元前770年，因为襄公送周平王东迁有功才被列为诸侯，所以秦始立国的年代应该是770年。这里，《秦本纪》和《十二诸侯年表》的记载有出入。

还有更大的出入。清华简的《系年》讲到两周之际西周灭亡和平王东迁这段历史，可以摘引如下：

◆ ◆ ◆

周幽王取妻于西申，生平王，王或（又）取褒人之女，是褒姒，生伯盘。褒姒嬖于王，王与伯盘逐平王，平王走西申。幽王起师，回（围）平王于西申，申人弗畀。曾（缯）人乃降西戎，以攻幽王，幽王及伯盘乃灭，周乃亡。邦君诸正乃立幽王之弟余臣于虢，是携惠王立。廿又一年，晋文侯仇乃杀惠王于虢。周亡王九年，邦君诸侯焉始不朝于周。晋文侯乃逆平王于少鄂，立之于京师。三年，乃东徙，止于成周，晋人焉始启于京师，郑武公亦正东方之诸侯。

这一段讲了什么呢？"周幽王取妻于西申，生平王"，周幽王的王后来自申国，这个申国是西申，在今天甘肃的庆阳地区。我还去过这个地区，在合水县博物馆见到了伯硕父鼎，铜器铭文跟西申是有关系的，讲到伯硕父掌管北方戎狄民族事务，他的夫人就是申姜，即西申姜姓女子。[1]"生平王，王或（又）取褒人之女"，褒可能是在陕西的汉中。"是褒姒"，此即"赫赫宗周，褒姒灭之"的褒姒，"烽火戏诸侯"的褒姒。"伯盘"，《古本竹书纪年》里面叫伯服。"褒姒嬖于王"，为王所宠爱。"王与伯盘逐平王"，把太子废了。"平王走西申"，平王当然要回他母亲的家。

"幽王起师，回（围）平王于西申"，这个事情有点怪。疑古学派始祖崔述在《丰镐考信录》中说，这件事让人难以理解。太子被废，投奔母舅家，这很正常。但周幽王为什么要把太子赶尽杀绝？这个举措看起来很不合情理。后来有学者解释，平王回到了母亲家之后，申侯和另外的一些诸侯，包括徐文公、鲁孝公这些人，把平王立为天王。古文字中的天、大、太，都是一个字，天王就是大王。这和我前面提到的西周时地方势力

[1] 梁云：《陇山东侧商周方国考略》，《西部考古》第8辑，2014年。

首领称王是两回事。地方首领称王，前面要冠以地名或国名，即"某王"，如矢王、丰王、㠱王、吕王、鳌王以及楚王、越王等，表示较周王低一等；金文一般称周王为"王"或"天子"，前面很少加一"周"字，周天子可说是"王中之王"或"王上之王"。太子宜臼被拥立为"天王"，这是不能容忍的，天无二日，人无二主，所以周幽王要起师，"回（围）平王于西申"。

"申人弗畀"，申侯肯定不能交人。"曾（缯）人乃降西戎"，降是招降之意。这里曾人又出现了，他们跟申人是一帮的，还拉拢西戎。"以攻幽王，幽王及伯盘乃灭"，幽王和伯盘，即褒姒这一帮派，被杀于骊山之下。《史记·周本纪》里面也是这样记载的。

"周乃亡"，这句话在学术界有极大的争议，它到底是什么意思？西周灭亡了，还是周王朝灭亡了？周王朝显然没有灭亡，平王东迁后，周王朝又存续了几百年。王占奎先生认为，这个"周"指的是宗周，"周乃亡"指周人的都城被灭了。[1]"邦君诸正"指王朝的这些卿士。"乃立幽王之弟余臣于虢，是携惠王立"，因为幽王死了，就在虢立幽王的弟弟，是携惠王。携惠王与平王二王并立，前后有21年的时间。"廿又一年，晋文侯仇乃杀惠王于虢"，晋文侯仇和平王是一党，把惠王杀了。

"周亡王九年"，这句话的断读也有很大的争议。有的学者认为这是插叙、倒叙，"周亡王九年"就是周幽王九年。周幽王是末代之君、亡国之君，所以又被称为"周亡王"[2]。这个说法目前看来是唯一合理的推断，跟《史记》的记述不发生冲突，其他的说法与《史记》记述都有重大冲突。在周幽王九年的时候，"邦君诸侯焉始不朝于周"，这合乎情理。《史记·周本纪》认为周幽王烽火戏诸侯，失去威信了。烽火是秦汉时的事，西周不可能有，前辈学者早已指出。但幽王当时失去诸侯的亲附，大概是事实。"晋文侯乃逆平王于少鄂"，少鄂可能在山西，因为西周晋国的都城有叫"鄂"的。"立之于京师"，京师这个地点也有争议，有的学者认为也在山西。"三年，乃东徙，止于成周，晋人焉始启于京师"，晋人的疆土开始扩展到

[1] 王占奎：《清华简〈系年〉随札——文侯仇杀携王与平王、携王纪年》，《古代文明》（第10卷），2016年。

[2] 王红亮：《清华简〈系年〉中周平王东迁的相关年代考》，《史学史研究》2012年第4期。

了京师这个地方。以上是对清华简《系年》部分内容的释读。

那么，平王是什么时候开始东迁的？如果按照简文历史记录顺推，西周灭亡了21年之后才开始东迁，那就是770减去21，即公元前749年。这个时间，秦襄公早就死了，怎么护送周平王？秦国怎么被封为诸侯呢？不可能的事。所以以前有学者就认为，护送平王东迁的不是秦襄公，是秦襄公的儿子秦文公。还有学者说没有襄公这个人，襄公和文公是一个人。如此，则秦的历史全乱套了。照清华简的说法，西周灭亡了21年之后，周平王才东迁。这不仅仅是周的历史，还涉及秦的历史。上古史是一个系统，牵一发而动全身，平王东迁的年代一改，秦立国的时间也得改。

所以，这句话一定是倒叙，不可能是正叙。"周亡王九年"一定是讲到后面的时候，再补充说明前面的事。"晋文侯乃逆平王于少鄂"，"三年，乃东迁"。九年之后的三年，正好是公元前770年东迁，这就跟司马迁的体系完全对上了。所以，"周亡王"应该就是周幽王。学术研究就是这样，因为司马迁的《史记》是一个很完整的体系，如与司马迁的体系发生了重大冲突，那一切就乱套了，想理顺太难了。所以对于清华简的解释要小心，不是说清华简都是对的。

由此来看，可能的年代顺序是：周幽王九年（公元前773年），"宜臼奔西申"，被立为天王，王师围西申。同年，晋文侯迎立平王于京师。周幽王十一年（公元前771年），"鄫、戎攻杀幽王"，西周灭亡。那么，公元前770年是不是周平王元年？这个就不太清楚了。因为我们前面说了，宜臼奔西申，被立为天王的公元前773年也有可能是周平王元年，但是《史记》的《十二诸侯年表》把公元前770年定为周平王元年。"平王东徙洛邑。秦襄公送平王有功，被封为诸侯。"所以，公元前770年，应该是秦成为诸侯的准确年份。

问题七 | **发现西畤**

秦襄公立为诸侯之后，作西畤，"祠白帝"。我在前文说过，秦人在礼县的老家往往称为"西"，有"西垂""西犬丘""西陵"等，后来又成为"西县"。"西畤"，既可以解释为"西垂之畤"，也可以解读为"西县之畤"。"畤"这个字，就是秦国祭天地点的专用名词，即"止也，言神灵之所依止也。亦音市，谓为坛以祭天也"。这是《史记索隐》的说法，意指畤是神灵驻足之处，有祭坛。我们说秦国有西畤，有鄜畤、吴阳上畤、吴阳下畤等。2016年很重要的十大考古发现之一，就是凤翔血池遗址，那里出土过"上畤""下祠"陶文的瓦片。

《史记·封禅书》中说："秦襄公既侯，居西垂，自以为主少昊之神，作西畤，祠白帝，其牲用骝驹黄牛羝羊各一云。"襄公杀牛、马和羊进行祭祀，骝驹是黑鬣的红马，羝羊是公羊，还有黄牛。这条记载透露出一个很重要的信息，就是秦人来自东方。少昊、太昊本来都是东夷部落的神，少昊很可能是嬴姓秦人的父系神。后来与五方、五色、五行结合，太昊成了东方青帝，主木；少昊成了西方白帝，主金。这其实也暗示了秦人从东向西迁徙的历史。除了西畤外，后来秦建立的两个畤：秦文公立的鄜畤和秦献公在栎阳立的畦畤，祭祀的对象也都是白帝少昊。这些足以说明白帝在秦人祭祀系统中的重要性，它其实和秦的族源有关。殷墟卜辞中，殷人祭祀东方用黄色之牲，包括黄牛[1]；与秦人祭祀少昊白帝用黄牛一样，也说明了秦人源自东方族群。

我们在礼县工作时，很偶然的情况之下，发现了汉代的西畤。

在礼县县城北有一座鸾亭山（**图43右上**），其中"鸾亭瑞雾"是礼县八景之一。鸾亭山上一起雾，礼县县城就下雨，简直成了当地的晴雨表。山顶的海拔高度是1700米，县城海拔是

[1] 肖春林：《殷代的四方崇拜及相关问题》，《考古与文物》1999年1期。

图43　礼县鸾亭山及山顶的祭坛

1100米，爬上去要一个小时。这是我经历过的最艰苦的田野发掘，每天早晨爬上去，中午让老乡送饭上去吃，下午发掘结束再爬下来，爬下来也不容易。

山顶上有祭坛（图43左），这个祭坛不是人工堆筑的，是在自然山脊的前端，把中间挖断，与后面的山脊隔断，有一个豁口，就形成了一个祭坛。坛面不是水平的，向前向下倾斜，有15°的夹角。从平面看，基本是一个不规则的圆形，周围一圈有夯土围墙。坛面上有一些祭祀单位，最主要的就是G4（G：灰沟），还有一个F3（F：房址）。F3出了五组玉器，G4出了三组玉器（图44）。

当时，我们为什么要选择这个遗址来发掘？我记得很清楚，2004年的下半年，早期秦文化的项目刚刚开始。10月底的时候，已经下雪了，也没有合适的遗址可挖。大家都来问我。我说那就挖鸾亭山遗址，听说上面出了玉器，还有砖瓦。调查的时候,我们发现山顶上白花花的兽骨,那就是祭祀坑。古代祭祀的时候会挖坑殉埋动物,坑里面有大量的兽骨。盗墓的人也不知道下面是什么东西,就把它掏出来了。地面上都是兽骨,大量的汉瓦及瓦当的残片,还有周代陶豆的残片。当时一看就觉得,这个遗址很重要,但具体是什么性质也不太清楚。

　　上去之后发掘,一开始是住在水湾村,就是遗址旁边的一个村子,在山上,他们用的水都是山泉。我晚上睡老乡家的土炕,翻《汉书·郊祀志》。我说可能会出土圭、璧这两种玉器,因为这个遗址比较特殊,和《郊祀志》的记载很像。第二天开挖,老乡铲表土,第四锹铲下去,一个白白的、圆乎乎的东西出来了。老乡嘀咕:"怎么有这么大的纺轮?"其实是玉璧。白色的玉璧就这样被铲出来了。遗址在山顶上,地表土很浅很薄,水土流失很严重,遗迹仅保存了一个底部,所以挖表土的时候,玉器就很快被挖出来了。圭、璧总共出了10组51件,其中最隆重、组合最完整的一组(图45),由如下器物组成:两件玉璧,一件大的青玉璧和一件白玉璧;八件玉圭;两件玉人,一件男性的玉人,面朝上,带八字胡,还有一件女性

图44　鸾亭山遗址发掘现场

图45 鸾亭山"四圭有邸"(两套)的玉器组合

图46 鸾亭山祭祀遗址玉器组合

玉人，面朝下。

这个祭天遗址是汉武帝时期的。文献记载，祭天要用圭、璧，因为圭这个尖首的形状，象征草木萌发、生机勃勃的状态。"苍璧礼天，黄琮礼地"，所谓天圆地方，璧是圆形的，象征天。《周礼·考工记·玉人》中说"四圭有邸"，一开始没有人知道是什么意思，清代的经学家有很多种解释，有的画出了这样一种玉器：中间是一个圆的璧，四面各伸出去一个尖角的圭；用一整块玉雕成，说这个就叫"四圭有邸"。其实不是，所谓的四圭有邸，就是一件圆形的玉璧和四件玉圭的组合，它是祭祀昊天上帝的。在先秦时期，包括秦汉时期，最隆重的祭祀，就是用四圭有邸祭祀昊天上帝。其他的要低一等，比如两圭有邸，就是两件圭和一件玉璧，级别等而下之。

那么，在鸾亭山挖出的这八件玉圭和两件玉璧是什么呢？两套四圭有邸。说明祭祀级别是相当高的。《周礼》说祭祀上帝才用四圭有邸，所以，鸾亭山祭祀的对象应该是昊天上帝，就是白帝少昊。鸾亭山发掘了10组51件玉器，除了最隆重的8圭2璧这一组，还有两组1璧1圭的（图46:2），四组1璧2圭的（图46:1、4），一组2璧1圭的（图46:3），一组3璧5圭的，一组1璧3圭的。玉器的组合数量有多有寡，有比较隆重的，也有比较简单的。

除了祭祀上帝，《周礼》还记载祭祀日月星辰用"圭璧"，也就是1圭1璧；祭祀"四望"，也就是四方的名山大川用"两圭有邸"，即2圭1璧。此外，还祭祀风师、雨师等等。不同的组合可能有不同的祭祀对象，但它们比祭祀上帝的那一组级别都要低。这很好理解，虽然是对天上群神的祭祀，但群神也有主从之分、上下之别。

F3有一组是1件青玉圭和1件青玉璧（图46:2），这个玉璧饰谷纹，周缘饰凤鸟纹，压在瓦片下。F3的这个建筑是举行祭祀活动的场所，在祭祀活动过程中，把这些玉器一组组摆上去。但可能由于某种原因没有再撤回来——玉器用完了本应该收回来。后来建筑倒塌，把这些玉器压在下面，就形成了这样

图47 "长乐未央"瓦当

一种堆积状态。

这个圆形的祭坛周围有一圈围墙,围墙上面都有覆瓦,瓦当的中心有大圆点,当面涂朱,瓦文是"长乐未央"(图47)。这种瓦当的级别是很高的,皇家建筑才能用。所以,这也应该证明鸾亭山遗址是汉代皇家祭天的遗址,是比较特殊的。

鸾亭山的发掘,证明了这是汉代的西畤,那秦襄公立的西畤在哪儿?应该就在附近。汉代西畤是在鸾亭山顶上,鸾亭山山腰那一块有大型的夯土台基,也经过钻探,有可能就是秦的西畤,当然,这需要进一步发掘才能得到确认。

西畤这个地点,秦建立之后一直沿用到汉代,直至王莽时期才被废弃。王莽要复古改制,复兴《周礼》,包括西畤在内的一些畤都是秦建立的,往往被认为不合乎《周礼》,所以统统都要废掉。在这个遗址上我们发现,它的确是在王莽时期废弃的,在有些废弃的灰坑里面有建筑用的鹅卵石,可能是建筑附近的散水石;还有王莽时期的布币,证明当时的确对这个遗址进行了一些破坏活动,可以跟《汉书·郊祀志》对比验证。秦汉时期的祭祀,汉初到汉武帝时期主要继承了秦的祭祀系统,包括西畤。到了西汉晚期,王莽进行了重大的变革,要把祭祀体系改动得完全合乎《周礼》,使它规范化。《汉书·郊祀志》的记载,在这个遗址里充分体现出来了。

第四讲

文公居汧渭之会，
为鄜畤，得陈宝

文公元年,居西垂宫。

三年,文公以兵七百人东猎。

四年,至汧渭之会。曰:"昔周邑我先秦嬴于此,后卒获为诸侯。"乃卜居之,占曰吉,即营邑之。

十年,初为鄜畤,用三牢。

十三年,初有史以纪事,民多化者。

十六年,文公以兵伐戎,戎败走。于是文公遂收周余民有之,地至岐,岐以东献之周。

十九年,得陈宝。

——《史记·秦本纪》

下面我们讲讲文公。秦文公在位期间做了三件大事,第一是营建汧渭之会,第二是建鄜畤,第三是作陈宝祠。

"文公元年,居西垂宫。"西垂就是西犬丘,西垂宫的地望具体还不太清楚,就是《史记正义》所说的"即上西县是也"。文公元年,他还是居住在以前的旧都。"三年,文公以兵七百人东猎",带了七百人向东打猎,如入无人之境,打到了宝鸡。这说明关中西部在周王室东迁之后,已经成为一个势力的真空区了。

"四年,至汧渭之会",就是汧河和渭河的交汇处。"曰:'昔周邑我先秦嬴于此,后卒获为诸侯。'"这个"邑"字有不同的解读,有的学者认为这个"邑"字是名词作动词,就是把某处封给某人作为封邑:周人以前把我的先祖秦嬴封在这里,后来我们秦人终于成为诸侯。李零先生就是这样解读的。秦嬴就是秦的祖先非子。这样说来,"汧渭之会"就是秦亭,就是秦邑。我个人觉得,"邑"是名词,"周邑"后面应该断开。就是文公到了汧渭之会这个原来周人的城邑,说,我的祖先非子曾经在这里活动,后来我们秦人终于发展壮大,成为诸侯。如果按照我的解读,从这句话里就读不出"汧渭之会"是秦邑的意思。所以,怎么理解,要看你怎么断句。

"乃卜居之,占曰吉。"先秦的时候营建都邑,如果是去一处新的地方，之前都要举行一些占卜活动，要占卜，"占曰吉，即营邑之"。从后面这些活动来看，这个地方对秦文公来说很明显是一个新地方，所以要占卜，由此也可以推断"昔周邑"后应该断开。

之前讲过，秦人的祭祀地点专有名称叫畤，前面加地名，因此西畤就是在西县的畤，鄜畤就是在鄜地的畤。今天陕北有个鄜县，或者写作富县。但鄜畤肯定不在富县或陕北，秦文公的时候，势力刚刚进入关中西部，怎么能跑到陕北去呢？鄜畤具体在哪儿，我后面再具体讲。

"用三牢"，牛、羊、猪叫一牢，各三只称三牢。"初有史以纪事"，十三年，秦人才开始有自己记录历史的史官，史官相当于书记，做文书记录、文字工作的。史官的首领叫太史。太史在周代不是什么了不起的官员，太史上面还有周王，还有邦君。这就说明秦人接触文化及频繁使用文字是较晚的事。事实上，我们目前发现的最早的秦文字也就是春秋早期的，西周的秦文字现在还得不到确认。原来认为不其簋是秦的东西，但不其簋很可能不是秦器，秦人使用文字的时间可能还没那么早。这很正常，秦人世代养马，世代驾车，文化上可谓质朴无文，到秦文公十三年的时候，"民多化者"，才开始有文化。

"收周余民有之"，这句话很重要。因为岐山以西是周人的地盘，周平王东迁，不是说周人全部都迁走了，很多中下层人都留在了当地，秦人接收了周人的地盘，这些人最后都被并入了秦国的统治。尤其在春秋早期，秦国有相当多的周余民，或者叫周遗民。

所谓"岐以东"应主要指关中东部，那里有一些传统的周人势力，或者说周人的封国，比如梁、芮。秦人当时初到贵地，初进关中，还没有实力把这些周人或周人所封的采邑、方国吞并，所以故作大方地"献之周"，以表示自己的高姿态。况且，当初周平王封秦襄公为诸侯的时候，"赐之岐以西之地"（《秦本纪》），所以从法理上讲，秦的领土是不能向东越过岐山的。

"十九年，得陈宝。""陈宝"是什么？《汉书·郊祀志》

就说："其神来，若雄雉，其声殷殷云，野鸡夜鸣，以一牢祠之，号曰陈宝。"我认为就是一块陨石，划破天际，砸向大地，大地发生震动。野鸡受惊了，夜鸣。陈宝祠的祭祀，从整个东周时期，一直延续到西汉时期，直到王莽时才被废弃。废弃的原因当然还是因为不合《周礼》。王莽一心践行儒家的最高理想，所有的一切都要按照儒家的条理来施行，原来秦创建的东西统统都要废掉。但是王莽的儒家治国实践最终以短命收场。

问题八　汧渭之会的地望

汧渭之会到底在哪儿？"汧渭之会"是秦人东进关中的第一处都邑，秦文公所建，作为都邑的时间约50年，属春秋早期。关于其地望的说法，一个来自《史记》三家注，认为在眉县古城——眉县在渭河的南岸。[1]还有一个说法，认为在汧河的东岸。当地的长青公社在建厂的时候，挖出了一批墓葬，级别很高。[2]还有一种说法认为，在汧河和渭河的东夹角地带，就是陈家崖这个地方。[3]

2008年和2009年，为了寻找汧渭之会，我们详细调查了汧渭交界处两岸，尤其对汧河下游进行了详细的调查。从遗址分布图（图48）上看，自西北向东南流的是汧河，下方东西向流的是渭河，圆点都是春秋时期的遗址。大部分遗址的面积都不大，在5万平方米左右，只有位于图上东南角的汧河和渭河东夹角的陈家崖面积最大，有20万平方米。有人可能会问，为什么汧渭之会不在西夹角而在东夹角？我们看一下地形可知，西夹角陡峭，东夹角平缓，用水也比较方便。如果地势比较高、比较陡的话，用水就存在问题。

如此看，陈家崖遗址就值得重视，我们对它进行了比较详细的踏查，发现有灰坑，有墓葬，有夯土建筑（图49）。在断面上发现了春秋早期的灰坑，灰坑之间还有打破关系（图50）。灰

[1] 林剑鸣：《秦史稿》，上海人民出版社，1981年。

[2] 焦南峰、田亚岐：《寻找"汧渭之会"的新线索》，《中国文物报》2004年3月5日。

[3] 梁云：《鄜畤、陈宝祠与汧渭之会考》，《秦始皇帝陵博物院院刊》（总壹辑），三秦出版社，2011年；蒋五宝：《"千渭之会"遗址具体地点再探》，《宝鸡文理学院学报》1998年第2期。

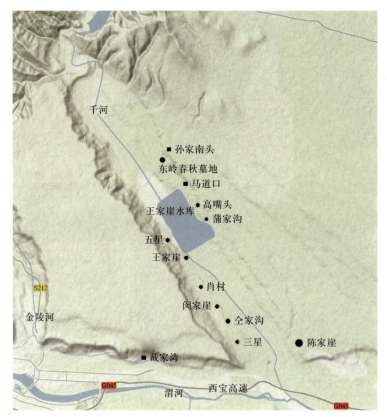

图48 汧河下游春秋时期遗址分布

坑里面采集到春秋早期秦鬲的鬲足（图51上左），还有筒瓦。春秋早期的筒瓦，带弦纹和绳纹的间隔带，一眼就看得出来（图51下）。还有春秋早期的刀范（图51上右），环首青铜刀的陶范。如果一个遗址有铸铜遗迹的话，它的级别都比较高，一般来说都城性质的遗址才有手工业，才会有冶金和铸铜遗址，所以，发现刀范是一个很重要的线索。

当时我们意识到，秦文公所营造的汧渭之会，很可能就在陈家崖遗址。我们在那里还发现了厚达三四十厘米的踩踏面（图52），可能是广场或道路。所以我们开玩笑说，秦文公就是站在这个广场上说的这番话："昔周邑，我先秦嬴于此，后卒获为诸侯。"是不是有这种可能？

我们调查之后不久，到了2011年的时候，陈家崖旁边有一个村子叫魏家崖，魏家崖的老乡挖后院，就挖出来了一坑铜器，其实是一座墓葬。这座墓葬是级别比较高的五鼎墓，

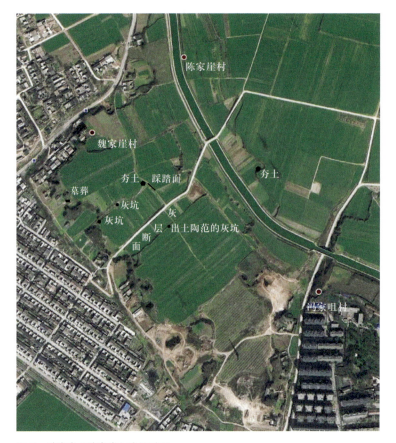

图 49 陈家崖(魏家崖)遗址平面

图 50 陈家崖遗址断面灰坑

图 51 陈家崖遗址采集标本（上左 鬲足；上右 削刀范 下 筒瓦）

图 52 陈家崖遗址的踩踏面

图53 魏家崖出土铜器和金器

出土有鼎、簋、壶、盉等铜器（图53:1、2）。五鼎墓在春秋早期相当于大夫这个级别，是贵族墓。铜器的年代也是春秋早期的，跟秦文公的年代、作汧渭之会的年代完全吻合。扁体铜盉是典型的秦式风格。这座墓葬的发现，其实提供了一个证据或者说旁证，证明汧渭之会很可能就是在陈家崖（或魏家崖）这一片。此外，在陈仓区博物馆还藏有魏家崖遗址出土的金器，有金铺首，也有金虎（图53:3、4）。金虎的造型一看就是秦式风格的。这种金器只可能出在高级别的遗址或墓葬中。

当时我很看好这个遗址，调查之后，我就对当地考古部门以及国家博物馆的同行建议，说你们下一步的工作重点可以放在陈家崖。他们也很认同，2012年、2013年工作队就想进村，但村民要进场费，不交不能工作。我们说我们的经费都是项目上的钱、国家的钱，你们这样相当于非法勒索。村民说不给钱就不要进村。真是这样，再大的考古队，一个村民就能挡住，还真没办法。

中国现在的考古工作真不好开展，做一点工作都很不容易。我们在乌兹别克斯坦做海外考古就不一样。我们挖大墓，就在人家后院里，人家每天还给我们端茶倒水。我们取墓葬的封土，他们说这个土很好，你们要不要？我问你们要这干什么？他说我要砌泥砖。我们把封土取完，人家泥砖全部砌好，房子都盖起来了。人家不仅不向我们要进场费，更不要说赔偿费，还配合得很、积极得很。所以说，在国内做工作有国内的方便，也有不便。这个遗址本来早就可以开展一些工作，能够取得一些学术成果，对于探讨秦文公汧渭之会的地点有新的认识，现在就被挡在那里停工了。所以我们说，有时候你坐在办公室拍脑袋容易，走到地方上做工作很难。当然，陈家崖的发掘这个事情还是要去推动的。

问题九 | **秦国的周余民**

周余民的遗存在考古上有发现。比如说陇县边家庄墓地，就是一处典型的春秋早期秦国的周余民墓地。出土铜器有鼎、簋、甗、壶、盉、盘，器形和纹饰的风格都是秦式的（图54），与秦属于同一个文化体系。但是墓内无腰坑无殉狗，墓主人为头北足南的仰身直肢葬式，墓内随葬车马器，随葬铜翣，以及用陶珠、石贝、铜鱼、陶磬形饰缀成棺饰的做法，都是周人的风格特点，跟秦人不一样。所以说，这个墓地是周余民的。边家庄墓地公布了两座铜五鼎墓，一座是女性墓（M5），没出兵器，椁盖板上有一辆小型的木辇车（图55），车的衡木两端各有一个木俑，象征挽车的人。这一看就知道是周人的做法，因为如果是秦人的五鼎墓，级别这么高，肯定直接殉人了，不会用人俑来替代。而周人的墓基本不殉人，在西周时就如此。另外，在贵族妇女墓的墓室内随葬小型的车舆，这在山西晋侯墓

图54 陇县边家庄春秋墓出土铜器

地的晋侯夫人墓里也有发现。妇女坐的车要小一号，牵引力也不一样，追求舒适与安稳。边家庄这座墓与晋侯夫人墓在这方面很相似。春秋早期的五鼎墓，身份相当于贵族。可见，这些周余民被纳入秦国的统治之后，他们贵族的身份并没有丧失，还是位于当时秦国社会的上层。还有一例，去年（2016年）在甘肃宁县发现的石家墓地，也是南北向的墓形，头向北，也属于东周初年的周余民。

周余民在这个时候对秦国的贡献，我想主要在文、武两个方面。先说文的方面。秦人本来是个粗坯子，照孙庆伟的说法，秦文化的特点就是"傻大粗笨"。这是因为秦人是车夫、牧人出身，整天驾车走马，不可能去琢磨那些精细的文化活儿。前文提到，秦人进入关中之后才有自己的史官、书记，这些史官很可能就是滞留在关中的周余民。他们被秦人所用，相互影响，自然而然地就提升了秦人的文化程度。况且，秦贵族文化程度提高了，也方便他们跟周王朝以及东方列国的诸侯打

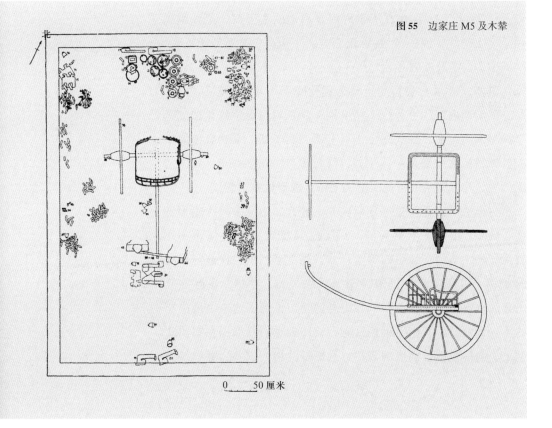

图55　边家庄 M5 及木辇

交道。晋文公重耳向西投奔秦国，秦穆公要跟他作诗、要对答，那都是上流社会、贵族的做派。如果做不到这一点，就没有资格跟周王室和东方列国打交道。所以，周余民及其文化对于秦国早期的发展是非常重要的。

当然，周余民也不单一，它包含了许多宗族，因为周人是个很大的族群，分支很多。比如说虢，是老牌姬姓贵族，西虢这一支原来居住在宝鸡虢镇一带，是幽王、伯盘以及携惠王的支持派。在平王东迁、携惠王被杀之后，他们也向东迁徙到了三门峡。国家博物馆有一件国宝重器，就是虢季子白盘，相传晚清时出土于虢镇。铭文中讲虢季子白荣立战功，获得周王赏赐。陈梦家认为这个虢季子白就是辅佐携王政权的虢公翰。西虢东迁时，族人可能没有全部迁走，留下了一些人，这个留守的西虢余部，在文献中叫"小虢"。公元前762年，秦文公居汧渭之会，在今汧河、渭河交汇处的东夹角一带；公元前687年，秦武公灭小虢。秦与虢毗邻而居约74年。这是个很有意思的现象，离得这么近，两国彼此间肯定会有文化交流。前面说过，20世纪20年代在天水红河乡出土的秦公簋，王国维见到后为之作跋，说："字迹雅近石鼓文，金文中与石鼓相近者，惟虢季子白盘及此敦耳。"

其实，天水秦公簋的年代为春秋晚期，其字体较为方正，与春秋早期白盘的字体已有所区别。真正与白盘字体相似的是春秋早期秦金文，如大堡子山秦公器、秦子器，宝鸡太公庙秦武公钟镈铭文，都是字体瘦高，修长秀美，四字一句，句末韵读，等等。西虢余部可能对秦文字特点的形成有过影响。

再说武的方面。这些周余民允文允武，边家庄另一座男性墓（M1），出土了不少兵器，2柄矛、4柄戈、71件铜镞，还有衔、镳、节约、盖弓帽等车马器，墓主显然是一位能征善战的武将。边家庄是一处家族墓地，除了M1、M5，还有好几座墓的材料没有公布。我们在陇县博物馆见到了这个墓地出土的不少青铜器，其中有铜柄铁剑，铁质剑身的基部插在铜质剑柄上，剑柄包括兽面纹的剑格、两侧带凸齿的剑茎、蟠虺纹剑首，即大家所说的"秦式短剑"（图56:1），而且是其中最早的样式。关于秦式短剑的来源，学界还有争议，比较中肯的意见认为，它们是中原周式的扁茎剑与北方草原短剑相结合的一个产物；换言之，是中原传统文化与北方草原文化相融合的一个结果。有意思的是，这种剑为什么率先——至少目前的发现是如此——在边家庄出现？这和它的地理位置有关系。边家庄位于汧河上游，而汧河是从陇山南下到渭河平原的重要通道，其上游正好处在中原华夏与西北戎狄交锋的前线；所以，这里的周余民能在自身传统的基础上，比较早地吸收北方因素，创制出别具一格的短剑。这种剑产生之后，很快就风靡秦国，甚至成为秦国贵族男子的标配。在大堡子山发掘的铜三鼎墓也出土有这种剑（图56:2），年代稍晚，属于春秋中期。最精致豪华的当数宝鸡益门村秦墓所出金柄铁剑，剑柄上面镶满绿松石（图121:1、

1　　　　　　　　　2　　　图56　秦式短剑

2)，令人叹为观止。这可算作周余民对秦文化的另一贡献。

西周时期，关中西部是周人统治的腹心区，秦人位于陇山以西的外围。周室东迁后秦人乘虚而入，以汧渭之会为中心向外扩张。地缘政治关系颠倒过来了：秦人占据了核心区，周余民部族反倒大多位于关中西北的边缘区。直接的原因是，秦人把一些周余民派驻到西北防御戎狄，守卫国门。秦文公"收周余民有之"，不是简单地接收，而是收编之后分化、整合，使他们各尽其能，或任史官，或领师旅。秦人的这一招是跟周人学的，当初周灭商后，就是对殷遗民分而治之，大多数被迁徙到丰镐、周原等都邑集中监管；还有一些殷遗贵族担任史官，如微史家族，《史墙盘》就是这个家族的器物；还有一些担任"师氏"之类武官。更有一些被派驻到泾河上游守卫边疆，关于这一点我写过相关文章[1]，大家可以参考。边家庄墓地仅限于春秋早中期，没有西周的墓，可见其人群不是当地土著，而是春秋早期从别处迁徙过去的。

甘肃宁县石家墓地是又一处重要的发现，经报道的墓葬均为南北向竖穴墓，死者为头北足南的仰身直肢葬式和下肢舒缓的屈肢葬式，随葬成套的铜礼器、车马器、兵器、铜翣、流行棺饰，与边家庄类似，一看就知道属于周余民。但令人惊奇的是，其最高级别的大型墓竟然随葬7件列鼎。我们知道，在春秋早期这是诸侯级别的待遇，秦公大墓也不过如此。因此，石家墓地可能属于春秋早期周余民的一个部族，但受到秦的控制，可说是秦的附庸国，与丰国类似。这么说有两个理由，一是石家墓地受到了秦文化的强烈影响，比如青铜器形制、纹饰，基本都是秦式的；发掘的车马坑为东西向，马东车西呈驾乘状摆放，多辆马车东西呈一字横列，坑内殉狗殉人，都与秦人车马坑的特点完全一致。二是这个墓地的年代集中在春秋早期，下限可能进入春秋中期偏早，但不见西周晚期的遗存，可见其人群也是春秋早期从别处迁徙过去的，与边家庄类似。

石家墓地的人群也是被秦人派驻到泾河上游，去守卫秦国的北方门户。从石家到边家庄，从北向南，秦人通过周余民武

[1] 梁云：《泾河上游西周时期殷遗民墓葬研究》，《中国考古学会第十五次年会论文集》，文物出版社，2013年。

装驻守，建立起防御戎狄的多层次防御体系。在秦人和北方戎狄之间，还夹着个周余民，这是以前我们没有充分认识到的。当时的北方戎狄，根据庆阳伯硕父鼎的铭文，在子午岭以西的泾河上游，主要分布着赤戎[1]；在子午岭以东的洛河上游，主要分布着赤狄、白狄。[2]赤戎就是赤狄。看来狄人本居住在子午岭东西两侧，只是后来在秦国的威逼和晋国的利诱下，才向东渡过黄河，迁徙到太行山东西两侧。现在看来，太行山两侧白狄文化的某些因素，比如花格剑（即兽面格剑）、虎形牌饰、金铜丝弹簧状耳环，的确可以追溯到两周之际的泾洛上游地区，但狄人东迁之前的遗址，比如说完整的墓地，现在还没有发现。

问题十 | 鄜畤与陈宝祠

关于鄜畤，《史记·封禅书》里讲到一件事情："其后十六年，秦文公东猎汧渭之闲，卜居之而吉。文公梦黄蛇自天下属地。"秦文公梦见一条黄蛇，长几千里，身子还在天上，头已伸到地下了。"其口止于鄜衍"，河边叫衍。"文公问史敦，敦曰：此上帝之徵"，史官说这是上帝的征兆，就是上帝要给你授命，给你降福。"君其祠之"，"于是作鄜畤，用三牲郊祭白帝焉"，文公就建了这个鄜畤，开始祭祀白帝。这是《史记·封禅书》记载的鄜畤建立的具体历史背景和缘由。

《史记·封禅书》中还说："作鄜畤后九年，文公获若石云，于陈仓北阪城祠之"，这与《汉书·郊祀志》的说法差不多。"鄜畤"肯定不在陕北的富县。秦石鼓文《灵雨》说到在汧河里面行船，船上的人看到汧河两岸的情景，提到了鄜，张政烺、唐兰等先生认为就是"鄜"字。[3]石鼓文《銮车》里也提到了这个字，它位于河边，相当于"衍"。河边高出的台地是原（塬），陕西最常见的地形就是河边的原，如咸阳原、白

第四讲 文公居汧渭之会，为鄜畤，得陈宝

---

[1] 梁云：《陇山东侧商周方国考略》，《西部考古》（第8辑），2014年。

[2]《国语·齐语》记齐桓公："西攘白狄之地，至于西河。"《史记·匈奴列传》云："晋文公攘戎翟，居于河西圁、洛间，号曰赤翟、白翟。"

[3] 张政烺：《猎碣考释》，《史学论丛》第一册，1934年，转引自王辉《一粟集》，唐兰《石鼓文年代考》，《故宫博物院院刊》1985年1期。

图 57　左　雍城豆腐村鹿蛇纹瓦当；右　雍城豆腐村鹿蛇纹瓦当（采自雍城考古队资料）

鹿原等等。而南方最多的地形是丘，或者崗堆。老先生们认为廊就是"鄜"字，我觉得这个说法很有道理。既然鄜这个地点是在汧河边上，那么鄜畤自然也在汧河边。

有意思的是，在雍城豆腐村遗址出土一种鹿蛇纹瓦当，可能是战国早期的。一条长蛇，蛇身横卷在鹿上，尾部逶迤而下，盘踞了大部分当面；蛇头伸下来，咬住了鹿的一只前腿。这只鹿是大角鹿，做惊悚状，后腿直立，肚子下面还有一只蟾蜍（图57）。在孙家南头蕲年宫遗址，也出有这种瓦当；图案构成元素和位置是一样的。这个图案，跟秦文公的梦境是不是很相似？

在中国，文字瓦当的出现相当迟，"长生未央""千秋万岁"这些文字瓦当是秦代之后才出现的，属于汉代。先秦时期，春秋时的瓦当主要是图案和动物纹。但是有些特殊的动物纹瓦当，很可能是用在特定的建筑上，这种鹿蛇纹是不是就代表了鄜畤的"鄜"字？这是有可能的，"黄蛇自天下属地，其口止于鄜衍"，"鄜"字和"鹿"字其实是通的，前者较后者多一个邑旁，表示鹿多的地方；石鼓文中狩猎的地方恰恰是麋鹿成群的。所以，我认为这个瓦当很可能就是用在鄜畤的建筑上。豆腐村是制陶作坊，是生产这种瓦当的地方。

1996年，焦南峰先生带队发掘了汧河东岸的蕲年宫遗址，遗址出土了文字瓦当（图58），具体地点在凤翔长青镇孙家南头的堡子壕。瓦当文字读出来就是"蕲年宫当"。这个"蕲"就是"祈",祈年就是祈求丰年、丰收。作为祭天的遗址和祭天的场所,在这里祈求丰收,是很正常的。北京的天坛里也有祈年殿,和先秦时期是一样的。鄜畤和蕲年宫的关系,跟今天北京天坛和祈年殿的关系有点像。

"蕲年宫当"是典型的汉代瓦当,当面中心一个大圆点,还有四个扇形区间。考察一下"蕲"字的含义:有"草",有"斤","单"像蛇。斤就是一把割草镰刀,人拿着刀在草丛里碰到蛇,蛇受惊了会盘曲起来,盘曲又引申为囚禁,囚禁的反意又引申为祈求。汉字转来转去,演变很复杂。所以我认为,如果皇帝要举行祭祀活动,要有斋宫,方便他沐浴更衣,做好准备。蕲年宫就是这样的宫殿,相当于鄜畤的斋宫。蕲年宫遗址的年代从战国中晚期一直延续到秦汉时期。当然,鄜畤的建造和启用要早得多,按照《秦本纪》,应该

图58 蕲年宫遗址(堡子壕)及出土瓦当(雍城考古队资料)

是在春秋早期秦文公时期。可能因为后来的秦君常去祭祀，到战国时就在附近修建了蕲年宫。

在建鄜畤之前就有"鄜"这个地方，鄜字正篆写作酃。酃从麃从邑，《史记·秦始皇本纪》中有"麃公"："蒙骜、王齮、麃公等为将军"。应劭注释说："麃，秦邑。"《史记索隐》说："麃公盖麃邑公，史失其姓名。"可见麃（鄜）这个地方有聚落，是秦国的一个城邑，叫麃（鄜）邑，后来出了个将军，叫麃公。前面说到鄜在汧河边上，鄜畤又和蕲年宫在一起，那么鄜邑具体在什么地方呢？考古学上是有线索的。看汧河两岸遗址分布图（图48）的话，在孙家南头（蕲年宫）西面不远，有一处东岭春秋墓地，是当年建东岭冶炼厂时发现的，随后进行了抢救性清理。[1] 墓地年代主要属春秋时期，繁荣期在春秋中期，发掘的两座五鼎墓都属于这个时期。这个墓地和甘谷毛家坪太像了，在墓地规格、墓葬级别、繁荣期、文化特征方面几乎一模一样，比如东岭M191出五鼎四簋，带六个壁龛，共殉六个人（图59）；毛家坪M2059也是。它们的车马坑都是东西向长方形，一字形前后摆三辆车，马东车西；都以中间第二辆车为主车，车舆板上蒙皮革，上缀勾云形铜饰；辕马上都蒙裹皮甲，甲上缀大铜泡（图21上）。它们都属于典型的秦人墓地，只是东岭墓地的年代上限没毛家坪那么早，到不了西周时期。东岭墓地应与鄜邑有关，墓主人应是鄜邑的居民。我们知道，毛家坪遗址可能是秦武公所设的冀县，当时还设了邽县。文献中没有春秋时在鄜地设县的记载，但东岭与毛家坪墓地规格相同，当地最高长官都享受五鼎的礼制待遇，即大夫级别，说明鄜邑的行政级别相当于县级。秦文公设鄜畤后，历代国君都去祭祀，祭祀活动频繁而隆重，就需要管理机构与服务人员；时间长了，干脆在它旁边设置一个邑，以照应鄜畤的祭祀，兼及地方管理，享受县级待遇。

讲到陈宝，就要讲陈仓，《史记·封禅书》说：

> 作鄜畤后九年，文公获若石云，于陈仓北阪城祠之。

[1] 陕西省考古研究院、宝鸡市考古工作队、凤翔县博物馆：《陕西凤翔孙家南头春秋秦墓发掘简报》，《考古与文物》2013年第4期。

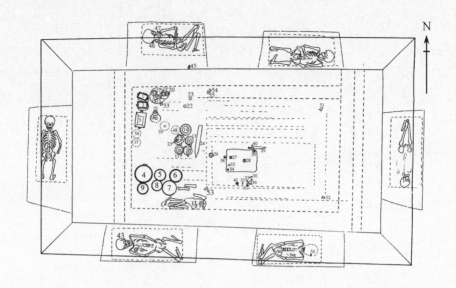
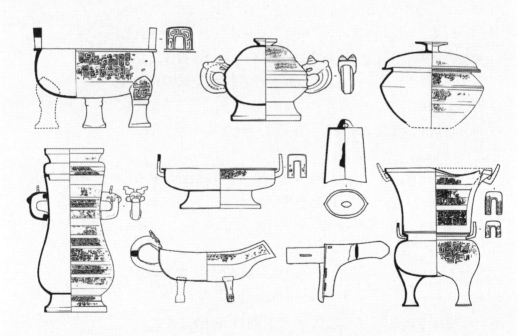

图 59 凤翔孙家南头 M191 及随葬铜器

> 其神或岁不至，或岁数来，来也常以夜，光辉若流星，从东南来集于祠城，则若雄鸡，其声殷云，野鸡夜雊。以一牢祠，命曰陈宝。

秦文公得了块大陨石，以为神物，在陈仓北塬前专门建城，杀一只牛祭祀它，叫它陈宝。陈宝祠在陈仓。《汉书·地理志》："陈仓，有上公、明星、黄帝孙、舜妻育冢祠。有羽阳宫，秦武王起也。"陈仓是汉代的一个县，还有秦武王建的羽阳宫。这个地方很有名，跟中国考古学的起步是有关的。1927年，当地的军阀党玉琨在戴家湾盗掘了一座西周早期的墓葬，出土了几百件青铜器，这些青铜器现藏在美国大都会博物馆。上世纪30年代，苏秉琦先生所在的北平研究院于1934年对戴家湾的斗鸡台遗址进行了发掘，这是考古学史上的重要事件。看看著名的宝鸡斗鸡台遗址图（图60上）：西南角是斗鸡台火车站，穿过它的是陇海铁路。北边有一个贾村塬，南北向有两条冲沟河流，刘家沟和戴家沟，把这个塬分成三块；图中间东西向的是宝鸡峡的引水渠。上世纪90年代，陕西考古研究院跟意大利合作进行了发掘。我们也调查过这个遗址，发现在两沟之间，陇海铁路以北，宝鸡峡以南的这块区域，汉代的瓦片分布非常集中，还发现了夯土。很明显，这就是一处汉代的城址，可能就是汉陈仓县城。

这块区域没有见到春秋时秦的东西，所以秦的陈宝祠不在这里。刚才说秦文公在"陈仓北坂"建城祭祀，所谓"陈仓北坂"，就是指陈仓县北的坂塬，如果从这个区域往北走，地势逐渐抬高，然后就可以爬升到贾村塬的塬顶（图60下），路边断面上暴露出不少周代灰坑、墓葬，能采集到不少春秋时期秦式陶器的残片。所以，我们推测秦的陈宝祠可能在贾村塬的南沿一带。

根据陈直先生的记载，上世纪30年代的时候，在宝鸡斗鸡台火车站这个地方，出土过上万枚的瓦当，瓦当文字包括"羽阳千岁""羽阳千秋"，还有"羽阳临渭"（图61）。斗鸡台恰好南临渭河，说明秦汉的羽阳宫就在这个位置。羽阳宫和汉代

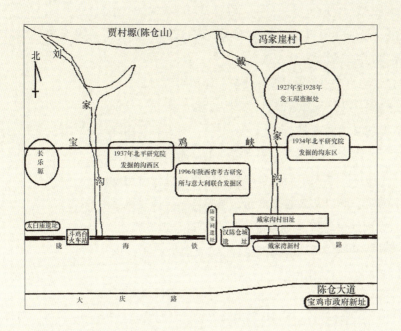

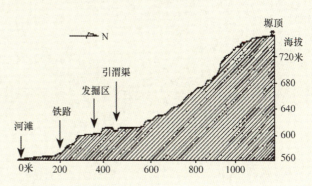

图 60 宝鸡戴家湾遗址历年发掘区和南北纵剖图（据刘明科《宝鸡考古撷萃》，三秦出版社，2006年、《考古与文物》2000年第2期）

"羽阳千秋"

"羽阳临渭"

图 61

陈仓城是挨在一起的，所以汉代的陈宝祠应该也是在这个区域。将来要寻找的话，需要在这个地方做工作。

我们说陈宝与羽阳这个名字很有关系，什么叫"羽阳"？"羽"是羽毛之意，"阳"是太阳，上古神话中跟太阳在一起的鸟是金乌，后羿射日射的就是金乌。之前讲过，秦人有玄鸟降生的神话传说，玄鸟到底是什么鸟不确定，也可能泛指一切神鸟，包括金乌。所以，秦人未尝不会把陨石当作玄鸟——也就是金乌——下的蛋。所以从命名来推断，羽阳宫，应该是陈宝祠的斋宫。陈宝祠的祭祀隆重而频繁，国君到这个地方祭祀，就要休息、沐浴、更衣，所以要有斋宫。到战国秦武王的时候，就在这个地方修建了羽阳宫。

第五讲

宪公在位前后

二十年，法初有三族之罪。

二十七年，伐南山大梓，丰大特。

四十八年，文公太子卒，赐谥为竫公。竫公子为太子，是文公孙也。

五十年，文公卒，葬西山。竫公子立，是为宁公。

宁公二年，公徙居平阳。遣兵伐荡社。

三年，与亳战，亳王奔戎，遂灭荡社。

四年，鲁公子翚弑其君隐公。

十二年，伐荡氏，取之。宁公生十岁立，立十二年卒，葬西山。

生子三人，长男武公为太子。武公弟德公，同母鲁姬子。生出子。宁公卒，大庶长弗忌、威垒、三父废太子而立出子为君。出子六年，三父等复共令人贼杀出子。出子生五岁立，立六年卒。三父等乃复立故太子武公。

——《史记·秦本纪》

"三族"指父族、母族、妻族，罪及三族，是很严重的。后来到了明代朱元璋的时候，更是登峰造极，诛九族了。

"伐南山大梓，丰大特"，这是什么意思？《史记正义》说是派人伐一棵大树，伐了之后树又长出来，长出来后又伐，老是伐不了，后来这棵大树就变成了一头牛，跳到沣河里。这个解释太荒诞不经了。有的学者认为"丰"是逢，乃遇到之意；"特"就是公牛的意思。[1]《礼记·郊特牲》说祭天祭地，要用一只牛来祭祀。所以"丰大特"，就是碰见了一只大公牛。这可能是一种吉兆。

秦文公在位五十年，他的太子年纪太大，都等不及继位就先死了，比他父亲还早死三年。秦国历史有一个特点：某一代国君如果在位时间很长，那么下一代在位时间一般都很短。战国时期有名的秦昭王，或者叫昭襄王，在位五十六年，紧接着孝文王在位一年，庄襄王在位三年。我感觉昭王把气运占得太多了，以致他的子孙在位时间就很短。秦始皇和秦二世的在位

[1] 张黎明、高颖、孙晔、赵宇：《"伐南山大梓，丰大特"释义——对〈史记·秦本纪〉中一处译文的看法》，《语文学刊》2013年第1期。

时间好像也符合这种规律。

"赐谥为竫公"。竫公虽然也称公,但属于死后追称,他没有当过一天的国君。他的儿子被立为太子,其实是文公的孙子。

秦文公死后葬在了西山。西山在什么地方?《集解》里说是陇西之西县,就是秦汉的西县,甘肃的礼县。文公的嫡长孙、竫公的儿子继位,《秦本纪》把他叫宁公,金文中叫宪公,指同一人。太子早死,由嫡长孙继位,宪(宁)公在秦国历史上不是唯一的例子;翻看秦的世系表,后面的惠公、灵公,都是如此。这说明秦的继位基本上还是沿袭了周人的嫡长子继承制,否则不会出现这种现象。但秦历史上还有几例兄终弟及的,如秦武公不立他的儿子为太子,死后由他弟弟德公继位。宣公有九个儿子都不立,死后由弟弟成公继位;成公有七个儿子都不立,死后由弟弟穆公继位。兄终弟及一般被认为是殷人习俗,秦人的继位制里还残存了殷商的旧习。

宪公把都城迁徙到平阳。前面讲过平阳,宝鸡有一个阳平镇,在陈仓区。"遣兵伐荡社",《史记集解》说"荡"通汤,"社"又写作杜,所以"荡社"就是"汤杜"。"汤"和"唐"又相通,比如商王朝的开国之君成汤,有时候又写作"成唐"。所以,清代经学大师孙诒让认为"荡社"就是"唐杜"[1]。《史记索隐》说当时西戎小国的国君号称亳王,住在荡社(汤杜),是成汤的后人,也就是殷商遗民。这很契合历史,因为成汤的都城就是亳。中国夏商周考古的一段公案就是争论成汤所都的亳在哪里,邹衡先生认为在郑州,即"郑亳说",其他一些先生认为在偃师,即"西亳说"。后人沿用名气大的祖先的名号,也不稀奇。"三年,与亳战,亳王奔戎,遂灭荡社。"有人读到这一段的时候可能会犯糊涂:亳王如果是殷遗民,那就属于东方族群,怎么会又被当作西戎?他怎么会投奔西戎?亳是商人的都邑,不是在河南吗?怎么跑到陕西关中来了?

我们说亳王的确应该是殷遗民,但他的祖先很早就从东方迁到了关中,所以《索隐》称他为"西戎之君",《集解》称为"西夷之国",这是纯就方位而言的。亳王被秦灭国,无家

[1] 孙诒让:《籀庼述林》卷一,上海古籍出版社,2002年,第150—152页。

可归，只好投奔当时关中的西戎部落，不代表他自己也属西戎。秦宪公伐的这一拨殷遗民是从山西迁来的。山西临汾地区有一个古唐国，是殷王朝的臣属，和殷王朝的关系很密切，所以他要反周，结果被周公灭掉了。然后周成王把他的弟弟封在了唐这个地方，就叫唐叔虞，是晋国的始封君；同时把唐国一部分土著居民迁到关中"杜"这个地方，当时族名、地名是合一的，地名跟着人名走，所以这拨人把新地方叫"唐杜"（荡社），他们就号称"唐杜氏"，首领还自称亳王。这里面有比较复杂的历史背景，不疏通的话不容易理解。

那么，荡社（唐杜）具体在关中什么地方？关中名"杜"的地方首推大名鼎鼎的汉宣帝杜陵。我们知道，汉宣帝刘询少年时代是在民间度过的，他喜欢去杜县、鄠县一带游玩，所以就把自己的陵墓安置在杜县，叫杜陵。那么秦汉的杜县在哪里？西安南郊的北沈家桥村曾出土有名的秦杜虎符，上面有错金铭文，首句是："兵甲之符，右才（在）君，左才杜"，是调军的信物凭证。2010年4月我们调查过北沈家桥村遗址，属西安市电子街办，在子午路和南三环交汇的西北，遗址现存面积约2万平方米。采集到不少绳纹瓦片和陶片，其中有饰大麻点纹的秦鬲鬲足，足根较长，似乎为春秋之物；还有蛋形瓮的瓮足，年代为西周至春秋。整个遗址的年代是从西周延续到汉代的，应该就是荡社以及秦汉杜县县治之所在。

唐杜氏从西周到春秋早期一直盘踞在西安附近；秦人东进，秦宪公二年（公元前714年）派兵讨伐，三年（前713年）夺取荡社，亳王奔戎。但事情没有结束，直到宪公十二年（前704年）才把荡氏——也就是唐杜氏彻底剿灭。这八年期间的战事肯定有反复，亳王可能取得过西戎的支持。再到十七年后，秦武公在杜地设县，这里便成为秦人东进的一个稳固的战略基地。秦宪公是在剿灭唐杜氏那一年（前704年）去世的；可以说，剿灭唐杜氏，将秦国版图向东扩张到西安地区，是他不长的一生中最大的功绩，也是最出彩的事。

"宁公生十岁立，立十二年卒，葬西山。"这里提到秦宪公也葬西山。《括地志》说："在雍州陈仓县西北三十七里，秦陵山也。"《帝王世纪》云："秦宁公葬西山大麓，故号秦陵山也。"这里又说西山是在陕西的宝鸡。前面才讲过，文公所葬的西山在甘肃的礼县。那么前后两个西山不是一个地方？此西山非彼西山？我想不是这样的，因为我说过，那时候地名冠以"西"字的，往往在秦汉的西县，此其一。文公、宪公虽然是祖孙关系，但前后继位，葬地不会离得太远，此其二。因此，我个人倾向于"西山"只有一个，还是在甘肃礼县，不在陕西宝鸡。

当年韩伟先生在发掘秦公大墓之前，带着考古队想把秦陵山找到，找了10年。在凤翔秦都雍城的北边，有一座山叫灵山。关中盆地，南边是秦岭，又叫终南山；中间是渭河；北边是北山。北山有很多段，每一段有自己的小地名，西段的叫灵山、吴山，靠近凤翔、宝鸡；东段的叫梁山，靠近韩城。韩先生一看，灵山的"灵"应和陵墓的"陵"相通；既然叫秦陵山，那么山上应有很多秦公大墓。所以他费了很大的力气，花了很多的工夫，派人上山调查勘探，但一无所获。后来才把调查的重点转移到了凤翔县的南边，在南指挥村一带，发现了13座秦公大墓及陵园。所以今天的灵山上没有大墓，《括地志》这一条记载是不可信的，已经被考古工作证伪了。大家如果不了解这段考古探索的历程，对文献的阅读就会无所适从。所以我倾向于前面《集解》的说法，西山在陇西之西县，而不在宝鸡所谓的"秦陵山"。

宪公"生子三人，长男武公为太子。武公弟德公，同母鲁姬子。生出子"。这句话很绕。武公肯定是老大，武公的弟弟是德公。按照中华书局的标点本，"同母鲁姬子"，武公和德公就有同一个母亲——鲁姬子。"生出子"，谁生出子？没有主语。所以林剑鸣先生认为中华书局的断句有点问题，应该是"武公弟德公，同母，鲁姬子生出子"，就是说，出子为鲁姬子所生，武公、德公为另一母亲所生。其后，大庶长等三人废长立幼，立出子六年后又把他废掉，然后武公上位。

问题十一 | **出子的立废与秦政伯丧**

宪公去世之后,"大庶长弗忌、威垒、三父废太子而立出子为君"。"大庶长"相当于当时的执政大臣,三人操持国政,废掉太子武公,等于废长立幼,把老三出子立为国君。

这件事让人纳闷,为什么要把太子废掉?有一种说法认为,鲁姬子比较厉害,她拉拢了弗忌、威垒、三父等人共同把持朝政,就把武公废掉,立了自己的儿子——出子。这当然是按照林剑鸣的断句来做的解读。

"出子六年,三父等复共令人贼杀出子。"这三个人反复无常,后来又派人把出子杀了。"出子生五岁立,立六年卒。"出子是一个短命国君,而且是一个小孩国君。"三父等乃复立故太子武公",为什么把出子杀了,又重新立了武公?有人说因为武公他娘又扳回来了一局。

所以,朝政的乱局可能由于两个女人——出子他娘跟武公他娘之间的宫斗。武公他娘是谁?宝鸡太公庙秦武公钟镈的铭文说:"秦公及王姬曰……"这个秦公是秦武公,林剑鸣先生认为,王姬就是武公和德公的娘;出子的娘是鲁姬。秦国的通婚对象,往往是姬姓的周人氏族集团,包括姬姓的诸侯国。王姬是谁?周王室之女,下嫁到秦国,称之为王姬。鲁国的女子下嫁到秦国,叫鲁姬。如果她们两个人同时嫁给一个人——秦宪公,那就存在一个主从关系,正后应该是王姬,鲁姬是媵侍,属于陪嫁。王姬出嫁,同姓诸侯女要陪嫁,当时有这种制度。有学者认为,这一段乱局就是因为王姬和鲁姬两个人宫斗。大庶长等三人,也是利令智昏,没有立场,谁拉拢就跟谁走,导致太子武公被废、后来又被扶正的乱局。这段话对理解相关的秦金文及大堡子山遗址的性质非常重要。

还有学者比如李学勤先生,按照周代金文的辞例,不同意林剑鸣的看法,认为秦武公钟镈的"王姬"是秦武公的夫人,

图 62　秦政伯丧戈及铭文

不是秦宪公的夫人。这也很有道理。民间收藏有秦武公鼎,形制、花纹与大堡子山的秦公鼎很相似,铭文首句为"秦公及王姬作造元女媵鼎",意即秦武公和王姬给他们的大女儿铸造了这件陪嫁的媵鼎。这么看来王姬只能是秦武公的夫人。但民间收藏之物,真伪难辨,不能作为立论的依据。不管怎样,如果林氏有误,武公的母亲另有其人,也不会是出子的母亲。因为如果武公、德公、出子为同母所生,那大庶长等废长立幼就太难以理解了。

澳门珍秦斋藏有器主名为"伯丧"的戈(**图62**)、矛(**图63**)[1],据传出土于陕西宝鸡眉县常兴镇。器主与这段历史颇有关系,铭文如下:

[1] 董珊:《珍秦斋藏秦伯丧戈、矛考释》,《故宫博物院院刊》2006 年第 6 期。

　　秦政(正)白(伯)丧,戮政西旁(方),乍(作)造元戈乔黄,竈(肇)専(抚)东方,市鉌用逸宜。(戈铭)

　　又(有)司白(伯)丧之车矛。(矛铭)

"秦政",就是秦国的正卿、执政卿。董珊先生认为,"伯丧"就是大庶长弗忌,"伯"是排行,"弗"是虚词,"伯丧"与"弗忌"可以构成一名一字,而且字义相

图 63　有司伯丧矛及铭文

关。“有司”即官员，是他的谦称。铭文说他在宪公期间布政施教于西土，并开始镇抚东方，用善铜铸戈，以供旅贲甲士之用。这个说法很契合当时的历史背景；从铜戈的形制来看，这种三角锋、长援、短胡三穿的样式流行于春秋早期，与传世著录及私家收藏的秦子戈很相似，也与宪公所处的时代相吻合。

大庶长是爵称，在后来的二十等爵制中位列第十八，仅次于彻侯。秦历史上的大庶长，如秦昭王时的樗里疾、奂等，均位高权重。“秦政”“有司”是职称。文献与金文的称谓并不矛盾。从铭文的内容来看，大庶长弗忌总揽秦国之政，辅佐宪公，内修政务，外拓疆土，可以说功勋赫赫，应该不是昏聩之人，但在出子立废的事情上出尔反尔，昏招迭出，步入凶险危局而不自知，最后身死族灭，令人既迷惑又惋惜。秦武公即位第三年就“诛三父等而夷三族，以其杀出子也”(《史记·秦本纪》)。明君贤臣往往会在废立问题上犯糊涂，如齐桓公、赵武灵王，所谓聪明一世、糊涂一时，但这种糊涂往往是致命的。

问题十二　襄公至出子的居地和葬地

《史记·秦始皇本纪》后附《秦记》记载了襄公至出子的居地和葬地：

> 襄公立，享国十二年。初为西畤。葬西垂。
>
> 文公立，居西垂宫。五十年死，葬西垂。
>
> 静公不享国而死。生宪公。
>
> 宪公享国十二年，居西新邑。死，葬衙。生武公、德公、出子。
>
> 出子享国六年，居西陵。庶长弗忌、威累、参父三人，率贼贼出子鄙衍，葬衙。武公立。

《秦记》是秦人自己书写的国史，很简单，没有日期，没有年月。秦始皇焚书坑儒，把各国的史书都烧了，只留下秦国自己的史书，所以汉代的史官能看到。司马迁写《史记》的时候，其实参考了《秦记》。因此他写完了《史记》之后，在《秦始皇本纪》后面，就把《秦记》附上了。

《秦记》中说"宪公享国十二年，居西新邑"。西新邑在哪儿？我们应该敏感地知道这个"西"，应该在西县，即甘肃礼县，不应该在陕西。"新邑"是相对于故都、旧都而言的。秦人的故都是西犬丘，"西新邑"肯定是在西县新建造的一个都邑。当然春秋早期还没设西县，礼县那个地方可能被笼统地称为"西"。"死，葬衙"，这跟《秦本纪》的记载不太一样，《秦本纪》说宪公（宁公）死后葬西山。两者有出入。"生武公、德公、出子。出子享国六年，居西陵。"西陵和西新邑可能是一个地方，因为宪公、出子的葬地在《秦记》中是一处。出子是小孩国君，在位时间又短，实无可能另建新都。"庶长弗忌、威累、参父三人，率贼贼出子鄘衙，葬衙。武公立。"就是说宪公和出子都是葬在衙这个地方，居住的地方则是西新邑和西陵。

表3 《秦本纪》与《秦记》记载出入对照

		襄公	文公	宪（宁）公	出子
《秦本纪》	葬地		西山	西山	
	居地		西垂宫	徙居平阳	
《秦记》	葬地	西垂	西垂	衙	衙
	居地		西垂宫	西新邑	西陵

	西垂	西垂宫	西山	西新邑	西陵	衙
集解			今陇西之西县			引《地理志》云冯翊有衙县
索隐					一云居西陂	
正义	汉陇西郡西县也。今在秦州上邽县西南九十里也。	汉陇西西县	引《括地志》云在岐州陈仓县西北三十七里秦陵山			

我列了一个表（表3），这样，《秦本纪》和《秦记》记载有出入的地方就一目了然，尤其是宪公的居地和葬地，《秦本纪》记载宪公迁居平阳，葬西山；《秦记》记载宪公居西新邑，葬衙。哪个更可靠？应该是《秦记》。《秦记》是秦人自己的国史，而且已经被金文所证实，比如秦宪公在《秦本纪》中记为"宁公"，在《秦记》中记为"宪公"；宝鸡秦武公钟镈铭文中为"宪公"，与《秦记》一致。对于地名的解释，比如西垂和西山在哪儿，《秦记》作为秦人自己的记载，也应该比《秦本纪》更可靠。"衙"这个地方应该在西新邑附近。

问题十三　西新邑——大堡子山遗址的性质

礼县大堡子山遗址就是《秦记》里面的西新邑，即宪公的居邑，这是我的观点。秦人在西汉水上游有三个活动中心，其中大堡子山遗址是一个遗址群，它的南边有山坪，东南方向有圆顶山（赵坪）的秦国人墓地（**图64**）。大堡子山遗址位于永坪河和西汉水的交汇地带，地形非常险要。《水经注》中有相

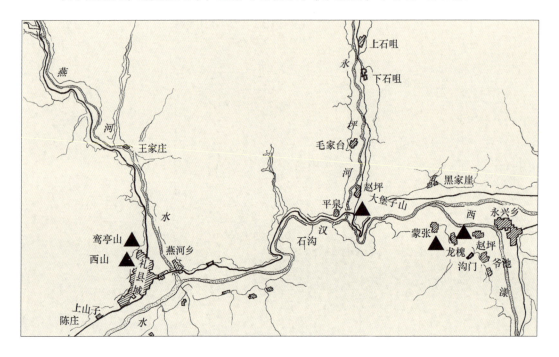

图64　大堡子山遗址位置（据《文物》2008年第11期）

关记载，其中"汉水"就是今天的西汉水，它叙述西汉水的走向："汉水又西南"，过了祁山之后，"上下有两城相对，左右坟陇低昂，亘山被阜。古谚云：南岈北岈，万有余家"。说的就是大堡子山。它东边是祁山，我们熟悉的诸葛亮六出祁山，就是从这个地方走的。《水经注》说这个地方坟墓很多，而且上下还有两座城址，很精确地谈到了大堡子山周边的地形地势。

上世纪90年代初期，大堡子山遗址秦公大墓被盗掘，那是1992、1993年的事情。当时，盗墓人数最多的时候达到两千人，挖得遍地都是坑洞，像被炮弹轰过的一样。竖坑底下还有通道，呈立体式。上面卖什么的都有，卖凉皮、卖早餐的。文物一挖出来，三天之内就出境了。上级领导去礼县视察，远远地看见一群人在那边山上忙活，问那是在干什么？当时的地方政府不负责任，说是修梯田、修大寨，糊弄过去了。后来中央电视台拍了一个纪录片叫《千古遗恨，秦公大墓》，说的就是秦公大墓被盗的事情。1994年进行抢救性发掘，是戴春阳先生带队，开了4个探方，目标都找不到，为什么？遗址大面积被盗扰，原始遗迹都被破坏了，墓内的花土（填土）被盗挖出来堆得遍地都是，把原来的遗迹覆盖了。最后费了九牛二虎之力才把墓边找到，抢救了两座残墓。

被盗的珍宝散落世界各地，法国、美国、日本都有。法国去年给我们还回来一部分，还到甘肃省博物馆，是一批金箔饰片；美国有私人收藏的大堡子山青铜器；日本还有一些，在美秀（MIHO）博物馆。在日本的那些东西我们想见都见不到。国家文物局曾组织专家向日本进行过一次追讨，但很难。日本方面说，凭什么说这是你们的？我们说独此一家，别无分号。你如果敢让我们检测，对铜器合金成分及范土做微量元素分析，然后跟我们出土的大堡子山的东西进行比对，肯定能对得上。但日本不敢，不让我们检测。在这个问题上，不同国家的态度是很耐人寻味的。有的国家认为，既然是别人的东西，就应该送还，非法偷盗的东西不能要。这其实是文化自信的一种表现，也是文明程度的一种体现。有的国家就觉得，我为这些文物花钱了,就该是我的,不管是不是赃物。这两种心理是不一样的。今后文物追讨的事情我们还要争取。

大堡子山墓地被盗之后,1998年,就对大堡子山墓地东南的赵坪墓地进行了发掘。墓葬都是春秋中期的,有五鼎墓,也有七鼎墓。2013年的时候,在北京大学赛克勒艺术博物馆举办了一个秦文化的成果展,展出了张家川马家塬战国时期的豪车,还有赵坪出土的青铜器。赵坪青铜器给我们的第一印象是,秦的铜礼器也可以铸造得这么精美、这么漂亮!做秦文化考古的人都知道,之前发现的秦铜器,比如关中秦墓出土的那些铜器,又小又粗糙,春秋晚期以后蜕变成了明器,小得可以握在掌中。我们推测可能是秦人不重视礼器,也可能关中缺铜。赵坪铜器让人恍然大悟:原来好东西是有的,只是之前没挖到!第二印象,是这些铜礼器上铸接了许多圆雕的小动物,在方壶、盉、盨、方盒的盖上、沿下、肩部、底座都有,有卧鸟,有上行或下行虎,还有回首的虎、公熊等(图65),令人耳目一新。我们知道,中国古代青铜器发展到两周之际,器形和纹饰已经定型,比较程序化、模式化,风格有点单调、沉闷,但赵坪的铜器点缀了这些小动物之后,一下子活起来了,洋溢着田园牧歌的生活气息,获得了别开生面的艺术效果。

在赵坪还发掘了一个五辆车的大型车马坑,比我们在毛家坪发掘的还大,位于主墓的东南方向。根据经验,这个时期秦五鼎墓配三辆车的车马坑,五辆车的车马坑自然是配七鼎墓。这个车马坑(编号98LDK1)的西北正好有一座七鼎墓(编号98LDM2)。该坑长18.8米、宽3.15米、深4米,其中3辆车驾驷马,2辆车驾二马,马都是跪伏姿态,显然是杀死后再埋葬。坑内还有殉人,可能是驾车的驭手。车器和马具一应俱全,马身上原来有彩绘皮甲,但腐朽过甚,形状难以辨认,皮甲上还缝缀有铜泡。由于坑不深,地下水位上升,车子经浸泡后保存得很不好,五辆车的位置都朽成窟窿了(图66)。

车马坑的发掘是田野发掘里面最难的。郭宝钧先生参加过殷墟的发掘,他说当时挖的时候都不知道是车,挖完了之后整

图 65 礼县圆顶山（赵坪）春秋墓出土青铜器

理，发现这是一个车饰件，圆角长方形的构件；后来发现车舆底部的轸木以及它里面（舆底）的红色漆皮，才辨识出来是车舆，但上部已经全部清理掉了。古代的车都是木车，经过两千多年都朽成灰了，填土又很杂，在灰里面找灰，其难度可想而知。新中国成立之后，第一次完整清理出来马车是在辉县琉璃阁的发掘，由夏鼐先生带队，那是战国的大型车马坑，有二十多辆车。

车马坑发掘是很难的，都是从上往下做，刚开始露出来的是一点点轮牙，很难察觉。取土要一锹一锹地挖，等你发现铲子下面的灰是轮子的时候，一半的轮子已经被切掉了。到今天为止，清理车马坑也是很复杂、很难的一个技术活。

图66　礼县赵坪98LDK1

清理车马坑要注意两点，一个是看车保存的状况，还有一个就是你心中要有车，才能挖到车。如果对于古代车的结构了然于胸，知道哪个部位有车的哪个部件，挖下去就是。如果不知道，肯定会挖坏。

2006年，我们发现了大堡子山的城址。2006年下半年，北京大学考古专业去实习，发现了乐器坑和大型府库类建筑。当时赵化成老师带队，我们说赵老师的手气真好。赵老师就谦虚，说手气好的人碰到一块儿，效果就不一样。我们看大堡子山这个遗址，其实是一处险要的关隘（图67），西汉水从东往西流过。这个遗址上的城叫"山城"，或者叫"台城"，充分地利用了自然的山形水势：从内往外看城墙很低，但是从外往内看城墙很高，很险峻；东南方向隔着河为圆顶山。

大堡子所在高地西南三面为环山的箕形地带，东北的鞍部

图67 大堡子山遗址地势

为城内面积最大的平缓区域，秦公大墓和乐器坑就分布在那里（图68）。城内高差有165米，那里平时云气缭绕，降雨充足，完全是长江流域的气候。

大堡子山大墓出土的秦公鼎，是垂腹鼎，蹄足，立沿耳，腹部有饰窃曲纹的（图69:1），也有饰垂鳞纹的（图69:2）；铭文有"秦公作铸用鼎"（图69:2），也有"秦公作宝用鼎"（图69:1）。出土的秦公簋都是敛口，鼓腹，龙首形双耳，耳下有小珥，圈足下

图68 大堡子山遗址鞍部区域（早期秦文化联合考古队资料）

1

2

3

图69 大堡子山出土的秦公鼎和秦公簋
1 首阳斋鼎
2 甘博鼎
3 首阳斋簋
4 上博簋

连三个短足，腹部有饰垂鳞纹的（图69:3），也有饰瓦棱纹的（图69:4）；铭文有"秦公作铸用簋"（图69:3），也有"秦公作宝簋"（图69:4）。铭文中的"秦"字，像两只手拿着一个杵，下面两个禾。有的"秦"字是带臼的，有的不带臼。有研究古文字的学者说，带臼的"秦"字比不带臼的年代相对要早。[1]在大堡子山铜器铭文里，凡带臼的"秦"字都是与"作宝"搭配成句，如"蠢公作宝用鼎"，不带臼的与"作铸"搭配，如"蠢公作铸用鼎"，还有学者据此将器物分成相应的两组。[2]

大堡子山秦公墓地被盗掘出一批金箔饰片，流散到法国等地，2014年被返还给中国。除了前面介绍的鸱鸮形金饰片，还有口唇纹鳞形金饰片（图70:6、7），云纹圭形金饰片（图70:2），兽面和云纹盾形金饰片（图70:1、4），云纹窃曲形金饰片（图70:3）。后来秦俑馆也收藏了一批，其中有窄长柄盾形金饰片。盾形和圭形金饰片应钉在马胄的颅顶和鼻梁位置，相当于金当卢。至于鳞形和窃曲形金饰片，也应主要是马身甲上的饰片。大堡子山秦公大墓南有2座瓦刀形车马坑，其中K1殉埋了4排12车，甘肃省文物考古研究所的戴春阳先生说，此车马坑被盗掘时曾出土了许多金饰片。[3]如此看来，流散海内外的大堡子山金饰片主要出自车马坑，为皮质马甲胄上的饰件；当然也不排除有些可能出自墓室，装钉在墓主人的皮甲上。这种做法，《诗经》里提到过，如《秦风·小戎》："俴驷孔群，厹矛鋈錞。"孔颖达正义："此国人夸兵甲之善。言我有浅薄金甲以披四马，甚调和矣。"所谓"金甲"，就是将薄金片装钉或粘连在皮甲胄上。"俴驷孔群"，指驾车的四马都披着这种金甲，四匹马的步伐从容不迫，协调一致。金箔虽然延展，但太薄。这种金甲的防护性差，实用性不强，主要起着标榜身份地位的作用，因此，在秦公以下级别的墓葬及车马坑中就没有见到。

据韩伟先生回忆，他当年在戴迪安家中还见到两只回首的金虎。金虎木芯，外包裹金箔片子，再用朱彩绘多道平行的折线纹（图70:5）。我原来怀疑这种金虎和大堡子山乐器坑出土的铜虎一样（图80），也是止乐的乐器。但仔细比较，它们之间区别

[1] 王辉：《也谈礼县大堡子山秦公墓地及其铜器》，《考古与文物》1998年5期。

[2] 李峰：《礼县出土秦国早期铜器及祭祀遗址论纲》，《文物》2011年5期。

[3] 戴春阳：《礼县大堡子山秦公墓地及有关问题》，《文物》2000年5期。

图 70 金箔饰片及金虎

还挺明显，金虎身躯细长，铜虎粗短，功能可能还不一样。考虑到秦的铜礼器上，比如圆顶山铜盉，盖子上铸接一只回首铜虎，虎的后爪与肩部公熊的前爪构成转轴，可开启盉盖（图65下）。这启发我们思考：金虎是否与之类似，属于贵重礼器上的构件？

我们再来看一下大堡子山遗址的地形，上部不是很平坦，也不算开阔（图71上）。2006年上半年在大堡子山发现一个城址，城墙夯土层厚薄不匀，每个夯层厚度大概是15厘米左右（图71下），四边城墙基本围成一个东北—西南向的长方形，总面积50多万平方米（图72）。城址的城墙始建年代应该是春秋早期，城的繁荣期也是春

图71　大堡子山地形及夯土城墙（早期秦文化联合考古队资料）

图72　大堡子山城址平面图（据《古代文明》第7卷，2008年）

西垂有声

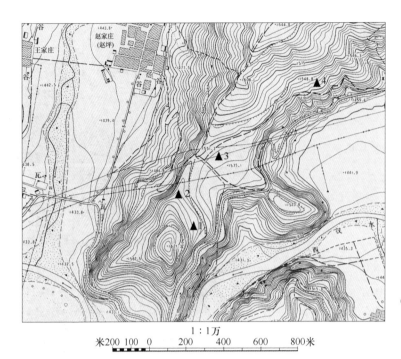

图 73 2006 年发掘选点（据《文物》2008 年第 11 期）

秋早期。2006 年下半年，北大考古专业实习，选择了四个发掘点，1—4 号点（图73）。

在河对岸的山坪还有一个城。前文提到，《水经注·漾水》中说"上下有两城相对"，这里还真的有两个城（图72）。上面的城就是西汉水右岸的大堡子山城址，海拔相对较高；下面的城是西汉水左岸的山坪城址，海拔相对较低，其年代基本同时。从这里就可以看出这两个城的修建别具匠心，正好一上一下、互为犄角地扼守在西汉水河道迂曲收紧之处，一夫当关，万夫莫开，气势很足。"左右坟垄低昂"，在大堡子山遗址区钻探出很多墓葬，在城址外东北就有四百多座，城内也有墓地。城内中部有两座大型墓葬，M2 和 M3。在城内还钻探出 21 处建筑基址。

有人可能会疑惑，这里怎么有城、有房子，还有大墓、小墓？到底是住活人的地方，还是埋死人的地方？发现的这个墙又是怎么回事，是城墙还是陵园的围墙？我们先说墙。从秦国陵园的发展历史来看，在凤翔雍城秦公陵园，还是以兆沟或

132

者说隍壕为边界，没出现围墙；直到战国时期秦王陵以及秦始皇陵，才启用垣墙。大堡子山陵园比它们都早，应该没有围墙。从平面图上看，围墙圈起来的空间远远超出了大墓及其周边的范围，因此它不是陵墙，而应是城墙。在西周至春秋时期，贵族的墓葬往往埋在城内，比如新郑李家楼的郑公大墓，就是出土有名的莲鹤方壶的那座墓，就埋在春秋时郑国的都城里。大堡子山在城内埋墓，正是出于这种习惯。到了战国以后，陵墓才从都城里出去，开始搬到近郊，后来搬到远郊，这是一个大的规律。当然也有例外，个别国家还保留了旧习惯，把陵墓安排在都城里，如燕下都，它的虚粮冢王陵区就在东城内，与宫殿区挨着。

城和大墓都是春秋早期的，但春秋早期有100年的时间，在相对的早晚顺序上，应该是先建了城，后来在里面又埋葬秦公。这个城是什么性质？文献上有无记载？城的规模不小，有大型建筑基址，里面还有秦公大墓，级别完全够得上都邑，应是秦人早期的一处都邑。我们知道，秦早期都邑就那么几处：西犬丘（或西垂）、秦邑、西新邑、汧、汧渭之会、平阳。后三处在陕西宝鸡，和这里完全没关系。秦邑在甘肃清水县，还有学者说在宝鸡，和这里也没关系。西犬丘当然在礼县，当地学者说大堡子山陵园就是西垂陵园，还有学者说大堡子山两座大墓是秦襄公和秦文公的墓。《秦记》说襄公、文公葬在西垂，好像就对上了。我们知道，西垂就是西犬丘，在非子他爸大骆的时候就是秦人的都邑，大骆、非子生活在周孝王时期，相当于西周中期，到秦襄公建国，再到秦文公居汧渭之会，西犬丘作为秦人都邑至少有150年时间，应该有大量西周时期的东西，甚至遍地都是。但是通过2006年大面积的发掘，竟然没有任何发现——没发现西周时的墓葬，也没发现西周时的建筑。这不是偶然现象，说明遗址的年代和西犬丘对不上，它作为西犬丘的可能性基本可以排除。一一排除后，最后剩下西新邑。前文说过西新邑在礼县，是秦宪公建造的一处都邑，它作为都邑的年代只能在春秋早期，在地望、年代上与大堡子山城址完全吻合。因此，我们说大堡子山城址的性质是西新邑。宪公、出子两代居西新邑，都葬于"衙"。"衙"应指大堡子山秦公墓地。《水经注》说大堡子山一带是"南峪北峪，万有余家"。"峪"指一种曲折险峻的地形，发音上与"衙"相通。

2006年发掘了祭祀遗址，也就是大型的乐器坑，里面出土了成套的甬钟、镈钟，还有石磬，我们后面会详谈。还发掘了21号建筑基址和城内外的几座铜器墓。

21号建筑基址在城内南部的高处，即1号发掘点的位置，它南北长度达107米，东西宽约16米，是一个四边有夯土墙的长方形建筑（图74右）。东、西墙之间正中的位置一字形排列17个石柱础，石材为青灰色页岩。建筑后来被破坏，围墙只剩下基槽的部分，没有找到门，估计当时开有北门。从打破它的墓葬和灰坑来看，建筑的始建年代应该是春秋早期的后段，战国时期废弃，性质为大型的府库类建筑。为什么说它是府库？因为它的结构比较简单，没有殿堂、厢房、回廊等设施，室内地面也没做任何处理，跟后代府库建筑的结构、形式基本上都是一样的，比如在陕西华阴县发现的汉代京师仓，基本就是这种长条状的、比较简单的结构。

在21号建筑北150米处的2号地点发掘了2座墓葬，其中M1有棺有椁，椁盖板上放一辆木车并殉狗，死者为头西足

图74　21号建筑基址及发掘场景（早期秦文化联合考古队资料）

图75　大堡子山M25及出土青铜器（早期秦文化联合考古队资料）

东的仰身直肢葬，随葬铜器3鼎1甗，及剑、铃、镞、衔，墓底有腰坑，年代为春秋晚期。还在城外东北的墓地，即4号地点，发掘了5座墓，其中M25也是有棺有椁（图75），死者为头向西的仰身屈肢葬，随葬铜器3鼎1盂1甗，及剑、铃、虎形饰等，墓底也有腰坑，年代为春秋中期。公布的这两座墓特点相似、级别相当，都相当于元士，但最大的差别是死者葬式不同，一个直肢，一个屈肢。前者在城内，后者在城外。我现在很怀疑大堡子山城内的墓葬都是直肢葬，比如1994年戴春阳先生在秦公大墓附近清理了9座中型贵族墓，据他介绍，葬式都是直肢葬；而城外的墓葬都是屈肢葬。为什么会出现这种现象？因为这里是都城，城内的空间比城外庄严、神圣，当时对城内的活动——包括丧葬，应该有管理、有限制；城内的墓葬距离秦公大墓更近，墓主人应与秦公有血缘关系，城外墓葬与秦公大墓的关系相对疏远。

2006年的这次发掘是非常成功的，既是北大考古专业的实习（图74左），也是5家单位的合作，还入选了2006年的十大考古发现。当时，北大学生一人一个探方整整齐齐地发掘，等挖会了一个探方，考古的基本程序也就掌握了。

总结一句话，大堡子山遗址繁荣期在春秋早期，城墙、大型基址、大墓均属于这个时期，没有发掘到西周时期的东西，所以它跟西犬丘没有关系。但是这个遗址的年代和性质，跟《秦记》记载的秦宪公所居的西新邑是吻合的，所以，大堡子山既是西新邑，也是衙。

问题十四 | 秦子之谜与大堡子山大墓的主人

在大堡子山最重要的发现是秦子乐器坑,出了一坑的青铜乐器,年代是春秋早期。我们了解一下这个乐器坑发掘的经过。因为大堡子山在90年代初经过了惨痛的盗掘,2006年学生实习,大家都说劫后之余,可能挖不到什么东西。后来赵老师说我们先挖21号建筑基址,学生实习,总得有个遗址,让他们把考古的发掘程序锻炼、学习一下。其他地方再钻探一下,根据探的情况开一两个方。在这里一探,有铜锈,说明有铜器,我们觉得可能是一座残墓,就布了两个方,当时是北大考古文博学院的韦正老师负责这个方(图76上)。挖下去之后,韦老师说怎么都找不到边,就算是残墓,也应该有墓边啊。我当时在现场说:"这个不对,这边怎么像狗啃的一样,一点都不规整。"他说这不是墓,可能是盗洞。再往下探,拿一个铁钎子一扎,当当响,才发现是青铜乐器。

大堡子山共有两座秦公大墓,在南的二号大墓长88米,在北的三号大墓长115米。在二号大墓西南20米处发现了乐器坑,东西向长方形,8米长、2米宽(图76下)。它的坑口线很难刮出来,需要反复铲刮才能确定。乐器坑距离盗洞仅仅10厘米,就是一个巴掌的宽度。这绝对是漏网之鱼,而且是一条大鱼。2006年发掘民工里面就有盗过墓的,而且盗过大堡子山——大堡子山在当地很出名,他们自己就盗。当地人看到以后捶胸顿足,说哎呀,把这个给漏掉了,后悔不迭。所以这对我们而言的确是一个意外之喜,原来压根儿就没有预料到。后来我们推测,二号墓的西南有一个乐器坑,那三号墓的西南有没有?于是把三号墓的西南进行了仔细的钻探,还真是没有,只在东南方向有大型的车马坑。这个车马坑最初被编为一号墓。

这个乐器坑里,它的南部是钟架子,西边是三件镈钟,东边是八件甬钟,北部有十件石编磬,可以分成两组(图77)。甬

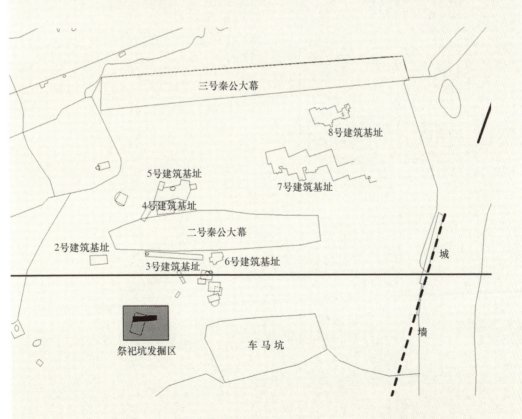

图76 乐器坑位置(早期秦文化联合考古队资料)

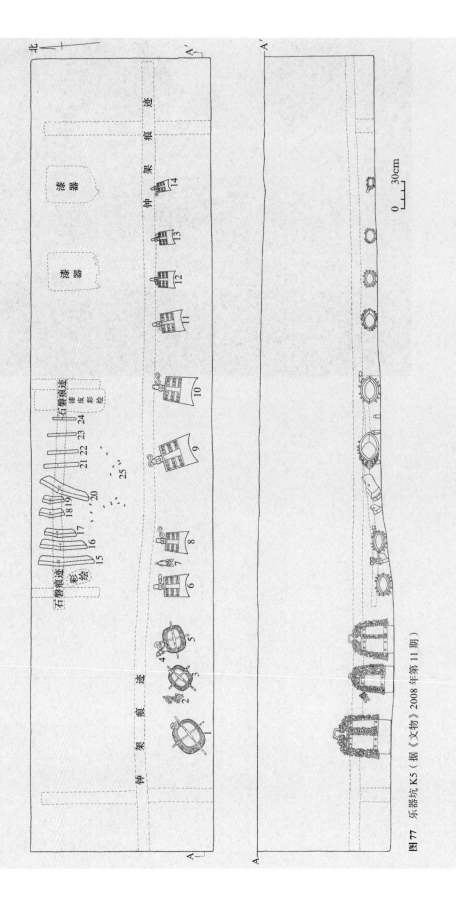

图 77 乐器坑 K5（据《文物》2008 年第 11 期）

图78 甬钟

钟的摆放很怪,最大的两件放中间,小的放两边,不规范。曾侯乙墓的编钟是从大到小一字排列,因为钟越大,发的音越低;钟越小,发的音越高。音的高低有固定的音阶关系,按照一定的规律进行悬挂才能演奏。这个坑里的甬钟这样摆放,怎么演奏呢?

甬钟的结构大致如下:整体呈"合瓦形",最上部是甬,钟体正立面的狭长区域是钲,钲两侧是篆部,篆间有突出的枚,钟两下角为铣。正鼓部有对称的回首夔纹,在侧鼓部有一个小鸟纹(图78)。周代的甬钟常见这种纹饰,因为敲击正鼓部和侧鼓部,发出来的音是不一样的,这个纹饰就是敲击点。一般来说,甬钟的第二基音标志,就是侧鼓部的小鸟纹。西周晚期至春秋早期的甬钟一般8件一套,从大到小排列悬挂;最大的钟和次大的钟都属于低音钟,没有第二基音标志,第三、第四钟才开始有第二基音标志。但是我们看大堡子山乐器坑的悬挂:最大、次大的钟(无小鸟纹)搁中间,第三、第四大的钟(有小鸟纹)搁在左边起头的位置,完全不符合周代甬钟编悬的规律,对秦人来说好像这些甬钟就是个摆设。

当时我问韦老师,怎么会这样?韦老师说:"这很好理解,秦人没文化嘛。"说他们没文化是有道理的。秦人进入关中之后,刚刚开始学习周礼,他们接受宗周礼乐文明,一开始还没有完全吸收和掌握。所以,礼制对于他们而言仅是一个摆设,徒具形式而已。但是到了秦武公时,秦国已经有所改变了,到

图79 大堡子山乐器坑出土秦镈（早期秦文化联合考古队资料）

秦穆公时就更不用说了；到景公的时候，"百乐咸奏"，演奏的程序已经很熟练了。所以秦人对周礼的学习吸收，也有一个从稚嫩到成熟的过程，这从这座乐器坑就能看得出来。

再看秦镈。秦镈是很有特点的乐器，镈是低音钟，主要控制演奏的节奏。镈钟截面是椭方体的，与合瓦形的甬钟大不一样（图79）。甬钟的甬内是有泥芯的，再加上它合瓦形的钟体，本身对发音就有阻尼作用，可以减弱尾音；而镈钟一敲，腔体内混响，尾音会拉得很长。西周时就有镈钟，基本上就是这种样式：椭方体，带华丽的四出扉棱。秦镈的扉棱由七条或者九条龙纹纠结缠绕而成，向上缠绕到舞部。舞部也是两条龙，上面盘旋成为钮；钟身上主体纹饰由吐舌的龙纹对称组成，非常漂亮。春秋时期东方国家的镈钟都演变成合瓦形了，不带这种扉棱；秦国很独特，还顽固地坚持了西周镈钟的样式，并进一步发展，可以说独树一帜。春秋时期，在其他国家没有这种样式的镈钟，这一看就是秦国的。

在镈钟旁还出土了三件铜老虎，回首蹲踞状，样子挺萌的（图80），应该与镈钟搭配使用，一镈一虎。这个铜老虎是止乐用的，我也写过文章。镈钟尾音会拉得很长，如果演奏已经结束了，怎么把这个音止住？我试着手里拿着老虎按在镈的鼓部，音就戛然而止。文献里这类东西叫"柷敔"，是一种蹲踞状的木虎，它的背部有节齿，可以止乐。只不过秦人把它铸成铜的，可以叫它铜敔。秦公一号大墓的石磬铭文里面有"钼铻载入，又虩载業"，也讲到止乐。

最大的镈钟正鼓部有铭文，铭文旁边有小孔，这是因为铜钟内范和外范之间有泥芯撑，铸好之后去掉泥芯撑就会出现孔洞。读一下铭文（图81）："秦子作宝龢钟，以其三镈"，"以其"就是"以及"。宝龢钟自然指的是甬钟，"厥音"，就是它的声音，"鉠鉠雍雍"，这个雍城的"雍"，是象声词，形容钟声连绵不绝，声音很悠长。"秦子峻龄才（在）立（位）"，"峻龄"是高高在上的意思，《诗经·崧高》中说，"崧岳维高，峻极于天"，嵩山很高，跟天一样高，与天一样齐，"峻"就是高的意思。"秦子峻龄才（在）立（位）"，指秦子高高在上。"眉寿万年无疆。"铭文内容很简单。

图80　乐器坑出土铜虎

这个秦子是谁？东周金文研究中有两大谜案，东部有一个"曾国之谜"：金文里面有曾国，文献里面没有曾，只有随国，

图81　秦子镈铭文

搞不清楚它们是什么关系。后来李学勤先生认为曾就是随，比如近年发掘的叶家山曾国墓地，在湖北的随州。还有一个就是西方秦国的"秦子之谜"。秦子到底是谁？在大堡子山秦子乐器坑发现之前，著录的传世品中有"秦子"戈、矛，学者间曾就此发生过争论。到现在意见就更多了，研究文章有三四十篇了，我也写过几篇。在探讨这个问题之前，我想首先要搞清楚一件事：秦子是不是秦国的国君？很多学者认为秦子不是国君，他是静公，文公的老太子，没有继位，等不及就去世了。[1]静公既然没有当过国君，所以称秦子，他又做器，这与铭文好像挺契合的。

我和另外一些学者认为秦子就是出子。[2]因为很明显，从铭文里看，"秦子㻱䆁在位"，这是国君的口吻，高高在上，太子不敢这样说话。况且天水秦公簋、宋代著录的秦公钟、宝鸡秦武公钟鎛，铭文里都有类似的用语，如"㻱䆁在天""㻱䆁在位"，都是国君的口气。《秦本纪》中称"子"的国君只有一位，就是出子。其他的都是"公"，如襄公、文公、宪公、德公、宣公、穆公。所以我们说，出子可能就是秦子。当然，秦子之谜远没有定案，谜题恐怕永远也不能解开——如果大堡子山没有被盗，这个问题或许还能解决。

还有学者同意秦子是国君，但不是某一位特定国君，而是泛指秦国刚继位的新君。《春秋》经传里说在老国君去世、新国君继位的那一年，新君只能自称为"子"，以示对先君的尊重，如宋子、卫子等；到次年，也就是新君纪年的第一年，才可以开始称爵位，如宋公、卫侯。这样的话，春秋早期的秦国君，如襄公、文公、宪公、出子、武公，都可能称"秦子"，其中又以宪公、出子、武公的可能性为大。[3]

秦子是谁关系到大堡子山两座大墓的主人是谁。墓主人在学界争议比较大，说简单一点，两座大墓是一公一母、一公一子，还是两公？意思是一位秦公和一位秦公夫人，还是一位秦公和他的儿子，还是两位秦公？不一样的观点、文章很多。襄公夫妇、宪公夫妇，这都是一公一母；襄、文公

[1] 赵化成、王辉、韦正：《礼县大堡子山"秦子"乐器坑相关问题探讨》，《文物》2008年11期；陈昭容：《秦公器与秦子器——兼论甘肃礼县大堡子山秦墓的墓主》，《中国古代青铜器国际研讨会论文集》，上海博物馆、香港中文大学文物馆出版，2010年；吴镇烽：《秦子与秦子墓考辨》，《文博》2012年第1期。

[2] 董珊：《秦子姬簋盖初探》，《故宫文物月刊》总第122期，2005年6月；梁云：《"秦子"诸器的年代及有关问题》，《古代文明》（第5卷），文物出版社，2006年。

[3] 王占奎：《秦子与大堡子山秦墓墓主》，待刊。

就是两公；文公、静公，静公是太子，这是一公一子；文公、宪公又是两公。

探讨这个问题之前，先要摸清家底。去年在台北故宫博物院，我专门就这个问题做了一个汇报，把流散到海内外的、大堡子山出土的秦公器和秦子器，根据纹饰、形制，简单地划分型式，然后对它们本来在墓内的组合做了一个复原研究。目前或曾经收藏过大堡子山铜器的机构有甘肃省博物馆、甘肃省考古所、上海博物馆、首阳斋、纽约古董店拉利行、中国香港御雅居、伦敦佳士得拍卖行、日本美秀MIHO博物馆，还有美国、中国香港的私人收藏。

先说鼎。大堡子山出土的秦公鼎共14件，可分两型。A型7件，窃曲纹鼎，腹部饰S形（图82:3-5）或反S形窃曲纹（图82:1、2、6、7），足跟扉棱有歧齿状（图82:1-5）或波状（图82:6、7）。铭文有"毳公作宝用鼎"（图82:3-7），也有"毳公作铸用鼎"（图82:1、2）。尺寸从大到小依次递减（图82:1-7）。

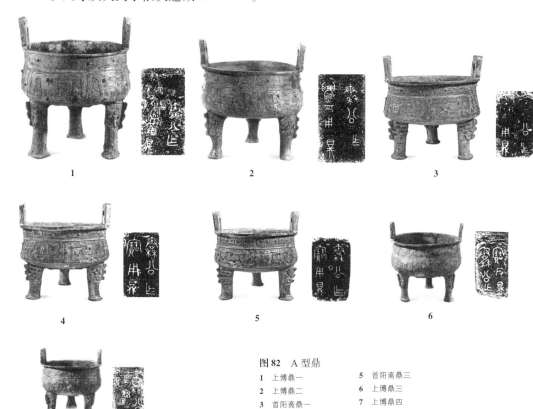

图82 A型鼎
1 上博鼎一
2 上博鼎二
3 首阳斋鼎一
4 首阳斋鼎二
5 首阳斋鼎三
6 上博鼎三
7 上博鼎四

图83 B型鼎
1 甘博簋一
2 甘博簋二
3 甘博簋三

B型7件，垂鳞纹鼎，颈部饰一周带目的反S形窃曲纹，腹部饰三周垂鳞纹，足根兽面的鼻脊为歧齿状，铭文均为"櫐公作铸用鼎"，大小相次（图83:1-3）。

再说簋。已知8件，可分两型。A型6件，瓦棱纹簋，铭文有"櫐公作宝簋"（84:1、2），也有"櫐公作铸用簋"（图84:3）。

图84 A型簋
1 上博簋一
2 上博簋二
3 甘博簋

144

图 85　B 型簋
（大堡子山 M2 出）
1　首阳斋簋一
2　首阳斋簋二

大小基本相同。

B 型已知 2 件，垂鳞纹。口沿下饰一周中部带目的 S 形窃曲纹，腹饰三层垂鳞纹。铭文均为"秦公作铸用簋"（图 85:1、2）。大小相同。

方壶已知 3 件，其中拉利行的 2 件为一对；御雅居壶属另一对中的 1 件。椭方体，方圈形捉手盖，颈侧有一对螺旋角的兽首耳，耳衔扁圆环，鼓腹。盖沿饰吐舌虺龙纹，颈饰大波曲纹，间以虺龙构成的"公"字形纹，腹饰一头双身的交龙纹。铭文均为"秦公作铸尊壶"（图 86:1-3）。

图 86　方壶
1　拉利壶一
2　拉利壶二
3　御雅居壶

圆壶已知2件，佳士得壶属一对中的1件，香港壶属另一对中的1件。圈足状捉手盖，直口，细长颈，颈侧有一对带螺旋角的衔环兽耳，鼓腹下垂。盖沿饰一周带目窃曲纹，颈饰波曲纹，下为一周窃曲纹；腹饰四周瓦棱纹，间以三周重环纹，圈足饰垂鳞纹。铭文均为"㸓公作铸尊壶"（图87:1、2）。

镈钟已知6件，可分二式。I式2件（图88:2、3），器形矮宽，镈身外鼓不明显；舞横较长，连接扉棱和钮的回首龙龙身贴伏于舞面。铭文为"㸓公作铸镈□钟"（图88:8）。II式4件（图88:1、4-6），较I式瘦高，镈身略外鼓，舞横稍短，连接扉棱和钮的回首龙龙身高于舞面，包括大堡子乐器坑K5的3镈和MIHO博物馆1件无铭镈。铭文"秦"字不带"臼"（图88:7）。

甬钟已知16件，大堡子山乐器坑K5出土的8件为一套（图89:1-8）。MIHO博物馆所藏4件秦公钟属于一套（图89:9-12），在钲间右侧铸一行6字：秦公乍（作）铸龢钟（图89:13）。MIHO博物馆还藏4件秦子钟属另一套（图89:14-17），在钲间和左栾、左鼓

1　　　　　　　　　　　　　　2

图87　圆壶
1　佳士得壶；2　香港壶

图 88 大堡子山镈钟

1　MIHO 镈
2　美国镈
3　上博镈
4　K5:1
5　K5:3
6　K5:5
7　K5:1 正鼓部铭文
8　上博镈正鼓部铭文

| 1 K5: 6 | 2 K5: 8 | 3 K5: 9 | 4 K5: 10 | 5 K5: 11 | 6 K5: 12 | 7 K5: 13 | 8 K5: 14 |

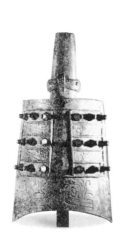    

9 MIHO 秦公钟一　　10 MIHO 秦公钟二　　11 MIHO 秦公钟三　　12 MIHO 秦公钟四　　13 MIHO 秦公钟一铭文

| 14 MIHO 秦子钟一 | 15 MIHO 秦子钟二 | 16 MIHO 秦子钟三 | 17 MIHO 秦子钟四 | 18 秦子钟二铭文 | 19 秦子钟三铭文 |

图89 大堡子山出土的甬钟及其铭文

部共铸铭文24字：秦子乍（作）宝穌钟，毕（厥）音鉠=雍=，秦子畯龡才（在）立（位），眉寿万年无疆（图89:18、19）。

前面讲过，侧重于金文研究的学者多根据"秦"字带不带"臼"，是"作宝"还是"作铸"，将这些器物分成两组。但我们做考古的更倾向于从纹饰和形制的角度进行分类，这也是类型学的传统方法。在复原这些铜器的墓内组合之前，还需要搞清楚以下几个问题：1. 大堡子山遗址总共有几座秦公或秦公级别的大墓？ 2. 一座秦公大墓能出几套列鼎和列簋？ 3. 一套列鼎或列簋的件数是多少？

经过90年代初2000多人的盗掘，1994年的初步钻探，2006年的全面钻探，2015年的补充钻探，现在可以确定：大堡子山只有两座秦公或秦公级别的大墓（M2、M3）。大墓年代属于春秋早期，那个时期的诸侯墓，比如晋、虢、芮，都只随葬一套列鼎或正鼎，因此，一座秦公大墓也只能随葬一套列鼎和一套列簋。当时，秦的用鼎级别不能低于芮（7鼎），因为芮为小邦，秦为大国；又不能高于虢（7鼎），因为虢为老牌宗亲贵族，所以，大堡子山秦公墓享用了大牢七鼎配六簋。

据戴春阳先生说，7件B型鼎和4件甘博的A型簋，经在押的盗墓分子现场指认，均出自M3。上博2件A型簋与甘博的同属一套，也应归入M3。7件A型鼎和2件B型簋只能归入M2，M2尚缺4件垂鳞纹秦公簋。当时，方壶、圆壶均成对出土，目前还缺1件方壶和2件圆壶，已知铜壶与大墓的对应关系还不清楚。MIHO的4件秦子钟与乐器坑K5所出几乎全同，器主是同一个人，K5与M2关系密切，所以，MIHO秦子钟出自M2的可能性较大。MIHO秦公钟出自M3的可能性较大。MIHO无铭镈与K5镈同式，出自M2的可能性大。美国镈、上博镈可能出自M3。当时镈均3件一套，甬钟均8件一套，M2尚缺2镈、4钟，M3尚缺1镈、4钟。组合复原如下表（表4）：

表4　大堡子山秦公器与秦子器墓内组合复原

组合	缺失	出土单位
A型鼎7件+B型簋2件	缺4件B型簋	M2
B型鼎7件+A型簋6件		M3
MIHO无铭镈1件+MIHO秦子钟4件	缺2镈、4钟	M2的可能性较大
美国镈1件+上博镈1件+MIHO秦公钟4件	缺1镈、4钟	M3的可能性略大
拉利行方壶2件		待定
御雅居方壶1件	缺1方壶	待定
佳士得圆壶1件	缺1圆壶	待定
香港圆壶1件	缺1圆壶	待定

　　这个复原工作有助于探讨大墓的主人。两座大墓应该分属两位秦国的国君，我赞同两公的说法，因为两座大墓的级别是一样的，都随葬七鼎，没有礼降一等的现象，而且都随葬成套的乐器——编镈、甬钟。这个时期诸侯国的墓葬，夫人墓普遍比国君墓礼降一等，比如晋侯墓地，晋侯用五鼎四簋，晋侯夫人用三鼎二簋，或三鼎四簋，在虢国、芮国墓地同样存在这种现象；而且国君夫人墓不随葬乐钟。但是大堡子山两座大墓礼器规格相当，且都随葬编镈、甬钟，说明墓主人里没有秦公夫人。当时国君铸造（带国君名号）的成套的列鼎是标志身份的重器，都只出在国君自己的墓里，从不见于太子或夫人墓，如晋、虢、芮等墓地，说明国君自铸的列鼎有特殊意义，不会送人，哪怕是妻儿至亲。这大概就是所谓的"唯器与名，不可以假人"（《左传·成公二年》）。大堡子山两墓所出列鼎、列簋上的铭文均有"秦公"字样，说明墓主人里没有太子。

　　如果进行具体分析，这些铜器的年代在春秋早期后段，早不到襄公时期，所以襄公不在里面。那么墓主人就可能是文公和宪公，或者宪公和出子，这两种可能都存在。如果是前者的话，就可能 M3 葬文公，M2 葬宪公，大堡子山作为墓地是《秦本纪》所说的"西山"；M2 兼出秦公器和秦子器，秦子是宪公或出子。如果是后者的话，就可能 M3 葬宪公，M2 葬出子，大堡子山作为墓地是《秦记》中的"衙"，秦子是出子。我倾向于后者，因为我认为大堡子山城址是宪公所居的西新邑。

有的同学可能会提出疑问：根据《秦本纪》，秦文公已经把都城迁到宝鸡的汧渭之会，秦宪公又向东迁徙到平阳，他们怎么会大老远地被埋葬在礼县老家？我们说先秦有"返葬"习俗，就是说虽然已经迁到新都，但头一或前几位国君会返葬于故都，比如周初齐国被封在山东，但姜太公以后的五世齐君都返葬于周（《礼记》）；又比如秦德公已从平阳迁都雍城，但德公、宣公、成公都葬在"阳"（《秦记》)，也就是平阳。这既是叶落归根的心理，也出于追随祖、父等先人埋葬的习惯，这种心理和习惯，在后世相当普遍。

漢

第六讲

武公居平阳

> 武公元年，伐彭戏氏，至于华山下，居平阳封宫。
>
> 三年，诛三父等而夷三族，以其杀出子也。郑高渠眯杀其君昭公。
>
> 十年，伐邽、冀戎，初县之。
>
> 十一年，初县杜、郑。灭小虢。
>
> 二十年，武公卒，葬雍平阳。初以人从死，从死者六十六人。有子一人，名曰白，白不立，封平阳。立其弟德公。
>
> ——《史记·秦本纪》

"彭戏氏"，《史记正义》认为是西戎的一支，活动在彭衙故城，也就是今澄城县西北。这可能是注意到二者都含有一个"彭"字。"彭"是古族，我们知道周武王伐纣，到商郊牧野誓师，提到追随他的盟友，也就是西土八国：庸、蜀、羌、髳、微、纑、彭、濮人，其中纑（卢）、彭都在西北。卢有黑色的意思，泾河上游有几条支流叫或曾经叫过"黑水"，比如今天的蒲河、黑河；那么古彭国可能也在泾河上游。最近在宁夏彭阳县新集乡姚河村发现大型的西周遗址，有甲字形带墓道的大墓、马坑及车马坑、铸铜作坊等等，有商文化色彩，如墓内殉人、腰坑殉狗，还有周的因素，如拆车葬。这个遗址是否属于商末周初的古彭国，值得考虑。彭戏氏是否与古彭国有关，也不得而知。春秋早期周室东迁后，关中东部散布着不少戎狄部落，这个彭戏氏是新迁入的西戎部族，还是作为当地土著的殷遗民，目前还不清楚。前文讲过宪公所伐的"荡氏"（唐杜氏）就是殷遗民，所以后者的可能性还不能排除。

宪公剿灭唐杜氏，在西安南建立东进的基地。武公继续东征，先伐彭戏氏，然后到华山下。如果彭戏氏象《史记正义》所说那样在渭河北的澄城，那么武公的行军路线就等于绕了弯路——到渭北再折到渭南。所以《史记正义》的说法不见得靠谱。武公可能从西安一直向东，沿渭河南岸推进到华山。"彭戏氏"的"戏"，也是个地名，挺有名的。我们知道周幽王死在"戏";再后来秦末陈胜、吴广起义,从者如云,陈胜派遣周章率领几十万大军西进关中,兵锋抵至"戏",也就是今临潼附近,距离秦始皇陵很近。秦二世赦免了骊山修陵的刑徒,给他们发放兵器,才击溃了周章的大军。所以,彭戏氏盘踞的地方可能在西安至华阴县之间、渭河南的某处。

秦武公在位二十年,主要居住在平阳。"平阳封宫"就是秦都平阳里的宫室,而且可能是主要的宫室。武公"居平阳封宫",《秦记》里也是这么记载的。秦人虽然后来迁都到了雍城,但平阳并没有废弃,还有留守人口,宫室也继续沿用。汉代还有"平阳封宫",又称"平阳宫",可能是秦宫汉葺。清代的金文著录里有"平阳封宫"铭文的小铜鼎,也有"平阳宫""雍平阳宫"铭文的铜鼎。[1]

武公在十年(公元前688年)、十一年(公元前686年)连续设县,设邽县、冀县、杜县、郑县,前二者在陇山以西的天水地区,邽县在今天水市,冀县在今甘谷县。后二者在关中,杜县在西安南郊,郑县在陕西华县。这一系列的举措非同寻常,可以说是我国郡县制的起源。

《秦本纪》说武公葬雍平阳的时候,"初以人从死"。这话明显不对。我的否定有考古学上的依据。前文讲过,武公之前的礼县大堡子山秦公墓就有殉人,其中M2殉了19个人。更早的礼县西山坪西周时期的秦贵族墓,也有殉人。秦杀人殉葬的风气由来已久,不是从秦武公开始的。"从死"没问题,"初"就不对了。

武公只有一个儿子,名白,但不把他立为太子,而是封在平阳。平阳是秦国的都邑,不可能全封给他,应是在其中划出一块地方作为他的领地。

[1]《积古斋钟鼎彝器款识》卷九有"平阳封宫"小铜鼎。《小校经阁金文》卷十有"平阳宫鼎"。《汉金》卷一《平阳宫鼎》:"平阳宫金鼎一,名十一。雍,容一斗,重九斤八两。今汧共厨。"

问题十五 秦都平阳的探索

宪公、出子、武公在平阳总计37年。平阳在哪？《史记正义》说在（唐代）岐山县的阳平乡。今天宝鸡陈仓区还有阳平镇，在虢镇东。按图索骥的话，秦都平阳应该在它附近**(图90)**，在汧渭之会东面不远。早在1963年，在阳平镇的秦家沟就清理了5座春秋秦墓，发掘者意识到可能和平阳有关。[1]

最重要的发现，是1978年在太公庙村发掘了一个窖藏坑，里面有八件铜器——三件镈钟、五件甬钟，形制、花纹一致。五件甬钟（甲钟至戊钟）从大到小一字排列，三件镈钟围绕甬钟呈半圆状。镈钟整体上与大堡子山秦子镈很相似，但也有细部上的差别，如其顶部钮桥的下端有吻吞、两侧各有弯出的歧齿，两侧扉棱最下端的二龙长吻外扬，器身中部外鼓，下鼓部内收，舞横显得较短，舞上的回首龙昂扬**(图91)**，这些都与大堡子山秦子镈有所不同。

[1] 陕西省文物管理委员会：《陕西宝鸡阳平镇秦家沟村秦墓发掘记》，《考古》1965年第7期。

图90 平阳与汧渭之会、雍城相对位置示意图（据《秦物质文化通览》2015年）

| 一号镈 | 二号镈 | 三号镈 |

图 91　太公庙秦武公镈钟

图 92　太公庙秦武公甬钟

　　甬钟与大堡子山秦子甬钟也基本相同，差别仅在于前者是篆间饰夔纹（图92），后者则是双头龙纹。

　　甬钟上皆有铭文，甲、乙钟铭文合成一篇，丙、丁、戊钟铭文亦可连读，但不完整，尚缺一钟。每件镈钟的铭文独立成篇（图93）。铭文讲述秦公接受天命，建立国家，不负上天；虔诚祭祀，聚集贤才，安邦定国，抚靖邻族。如下：

图93 秦武公镈钟铭文

秦公曰："我先且（祖）受天命，赏宅受或（国），剌剌邵（烈烈昭）文公、静公、宪公，不坠于上，邵合皇天，以虩事蛮方。"公及王姬曰："余小子，余夙夕虔敬朕祀，以受多福，克明又（厥）心，盭龢（戾和）胤士，咸畜（蓄）左右，（蔼蔼）允义，翼受明德，以康奠协朕或（国），盗百蛮，具（俱）即其服，乍（作）厥龢（厥和）钟，灵音铣铣雍雍，以匽（宴）皇公，以受大福，屯（纯）鲁多釐，大寿万年。"秦公其畯豵才立（畯在位），应（膺）受大令（命），眉寿无彊（疆），匍（敷）有三（四）方，其康宝。

铭文里提到文公、静公、宪公，宪公下面不是出子就是武公，出子不该葬在这儿，所以，作器的秦公只能是武公，这里就是秦都平阳之所在。从太公庙的发现到现在，学术界在这个问题上没有任何疑义，因为这篇铭文等于自报了家门。

但是都城应该有宫室有陵墓啊，仅有一坑铜器显然不够。太公庙镈钟发现后就在村子附近调查，采集到一些春秋陶片，发现有灰层灰坑，可以确定是一处春秋时期遗址，但仅此而已。真正的转机是在2006年，在礼县大堡子山发现了乐器坑，当时陕西的同行也在，我们都说宝鸡太公庙孤零零的一个乐器坑不对，按照大堡子山的规律，乐器坑在大墓的西南方向；也就是说，乐器坑的东北是不是应该有大墓？做考古要动脑子，要举一反三，不是说考古发现都是天上掉下来的。你想到才会去找、才能找到、才能挖到，这里头没什么运气，都有必然性。

考古队受到启发,当时就想对窖藏坑东北方向进行钻探。但那里都让村子占了,被密密麻麻的房子压着,村子里的地面全部硬化了,都是水泥地面,连打探眼的地方都没有。虽然没办法工作,但眼睛一直盯着,密切关注。直到2013年4月,村子里有人动土挖后院、挖井,考古队见缝插针,派两个探工过去钻探,结果就发现了一座中字形大墓(M1),在这个大墓的东南方向,又发现了一座大型车马坑(K1)。我印象很深,当时我在毛家坪发掘,张天恩老师兴奋地给我打电话,说发现秦武公大墓了。大墓总长约106米,在它的东南勘探出"凸"字形车马坑,东西北三面都发现有围沟,构成了一个相对独立的陵园(图94)。很明显,乐器坑是秦武公的,这个大墓就可能是秦武公的墓。但大墓在乐器坑东北100米,远远超出大堡子山坑、墓之间25米的距离,距离有点远,中间空当太多,二者之间应该还有一座

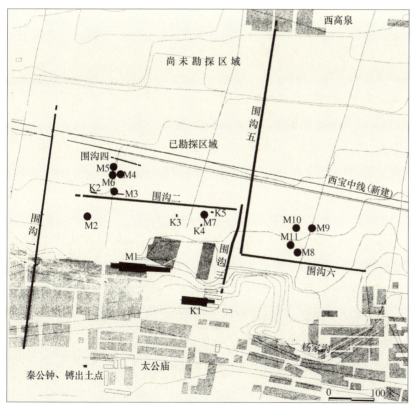

图94 太公庙钻探图
(雍城考古队资料)

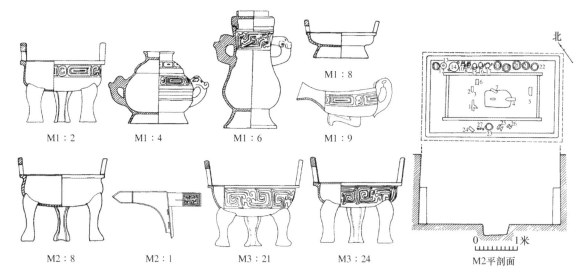

图 95 宝鸡南阳村的墓葬与铜器

墓,但因为没法钻探,暂时还不知道具体情况。这座墓不是秦武公的就是秦武公夫人的,夫人墓的可能性较大。

目前只发现这一座陵园,但《秦记》记载德公、宣公、成公"葬阳",因此附近可能还有三座陵园。在这座陵园的东北还发现有围沟,似乎是另外一座陵园的西南角,其内有小型墓葬(图94),还需要继续做工作去寻找、确认。

除了大墓,历年来在阳平镇的西高泉村、南阳村、洪原村、秦家沟村还陆续发掘了一些中小型秦墓。这些墓根据葬式可分两类:一类是直肢葬,如南阳墓地。1998年在南阳村清理的4座春秋早期秦墓,墓形都带腰坑,坑内殉狗,并出石圭,死者葬式都是头向西的直肢葬。墓内出土成套铜礼器,但制作粗糙,为小型明器(图95)。其中五鼎墓1座,三鼎墓2座。2004年又发掘了1座三鼎墓。这类墓级别较高(3—5鼎),有比较浓的殷商遗风(腰坑殉狗),有专门的墓地,位置比较靠近秦公陵园,墓主人应是嬴秦宗族的成员。

另一类是屈肢葬,如西高泉、秦家沟、洪原墓地。1978年初在西高泉村清理了一座很有意思的残墓,出土了22件铜器,其中有几件明显属于周人或周式的器物,如1件鼓部饰云纹的甬钟(图96:1),1件腹部饰交错重环纹带的长颈铜壶(图96:2),1

件饰圆涡纹及垂鳞纹的假腹铜豆（**图96:3**），其铭文为"周生作尊豆用享于宗室"，年代属于西周中晚期。还有蝉纹和重环纹的车軎、带镂空铃球和銮座的銮铃（**图96:5**），都常见于周人墓。还有1把北方草原风格的铜短剑，剑身上有兽面纹，无格，四联珠状剑茎上饰四个连续的兽面，平首，首上一穿（**图96:4**）。平首剑常见于辽西的夏家店上层文化，这把剑可能受到它的影响。当然也有秦式器物，如三角锋的中胡三穿戈（**图96:6、7**），戈援的上刃微凹，与秦子戈一致，是春秋早期秦戈的独有特征。这座墓的级别为中小贵族，但有明显的尚武风格，墓主人可能因军功而晋升为贵族，也可能是归顺秦人的周余民，即琱生家族的后代。

图96 西高泉秦墓出土铜器

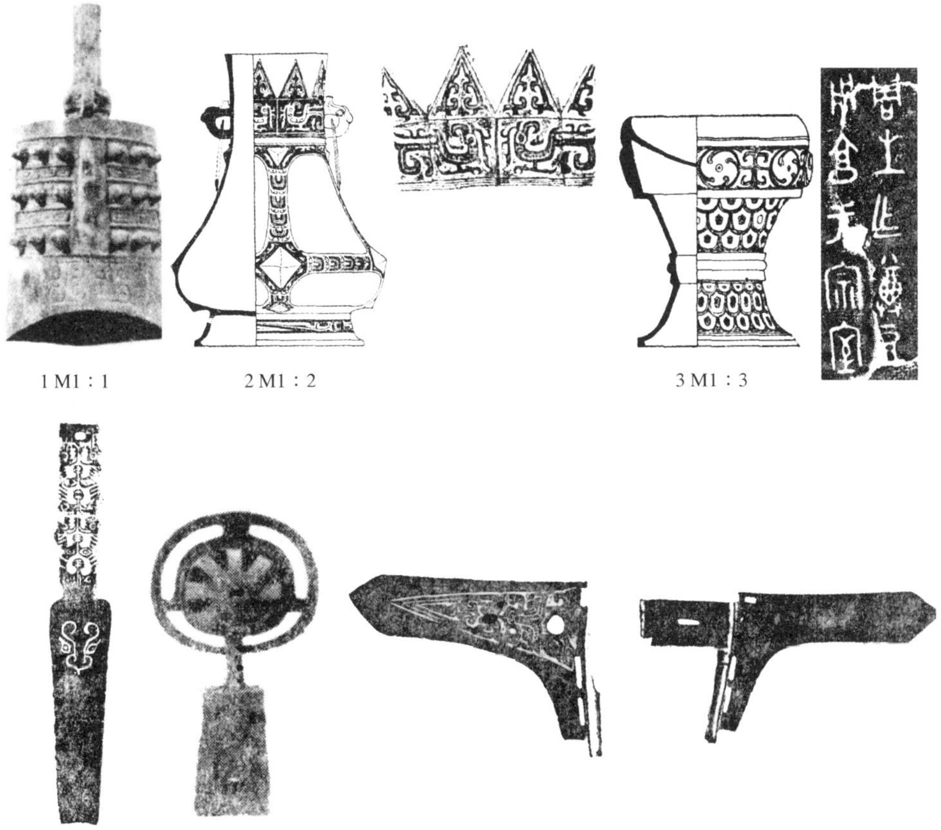

1 M1:1　　2 M1:2　　3 M1:3

4 M1:6　　5 M1:22　　6 M1:10　　7 M1:7

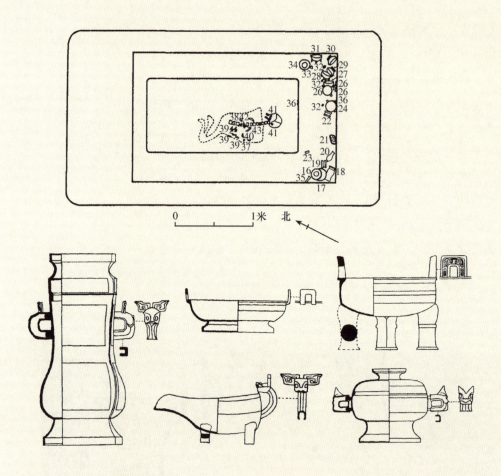

图 97 秦家沟一号墓及其铜器

图 98 秦都平阳遗址点及墓地分布图

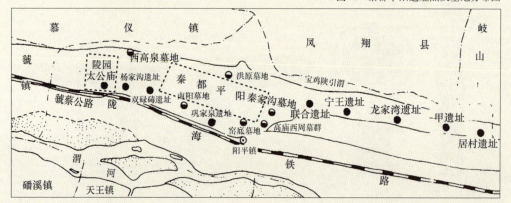

秦家沟的5座秦墓属春秋晚期，比较常见，死者为头向西或南的屈肢葬，有2座铜三鼎墓（图97），其余为陶器墓。未出兵器。洪塬的墓亦如此。这些墓属低级贵族，距离秦公陵园较远，墓主人可能不是嬴秦的宗族成员。

如果把这些墓地落在分布图上，将会发现它们附近还有遗址点和墓地，如双碌碡、巩家泉、窑底、联合等（图98）。所有的这些遗址点和墓葬，好像能围成一圈，在渭河北岸的一级台地上围出一个东西长约3.5公里，南北宽约0.7公里的"空白地带"。这个"空白地带"不会无缘无故地出现，我们曾踏查过这个区域，现为大面积平整的农田，断面断坎很少，遗迹很难暴露。根据先秦时期墓地多分布在城墙外围或城郊的规律，这个"空白地带"或许就是春秋时期秦都平阳之所在。如果展开钻探，有可能会发现城垣及建筑基址。

这个区域的东面还有遗址，其中宁王遗址比较重要，面积约20万平方米，被当地砖厂取土破坏，遗址区内有大量砖瓦堆积，发现灰坑、水井、陶窑、夯土建筑等遗迹。砖瓦的年代从战国延续至秦汉，采集到涡纹（图99:1）、旋云纹（图99:2）、羊角形云纹（图99:3）、变形云纹瓦当（图99:4），年代属战国秦；还

图99 宁王遗址出土瓦当

有"长乐未央"（图99:5、6）、"郁夷"文字瓦当（图99:7、8），年代属汉。郁夷为汉代右扶风的属县，宁王遗址既是汉代郁夷县城，也是战国至汉代平阳故城所在，有同时期的平阳宫，大量的宫殿建材可为证明。从春秋到战国，平阳封宫和平阳城也有一个短距离的自西向东搬家移动的过程。

最后想说的是，在秦都平阳遗址还有西周墓地，1995年，在高庙村发掘了20座西周墓，死者多为头北足南的仰身直肢葬，随葬单鬲或鬲、罐，铜戈有被砸弯的现象，符合周人墓葬的特点。这里距虢镇很近，本属于西虢的势力范围，高庙墓地自然是西虢遗留下来的。小虢是西虢的余部，从秦宪公二年（公元前714年）徙居平阳，到秦武公十一年（前687年）灭小虢，这期间秦与小虢比邻共存了27年之久。

问题十六　中国最早的县

我们知道，秦始皇在中国首先建立了中央集权的大一统帝国，这种帝国的形态向后延续了约两千年时间，影响深远。所谓"百代犹行秦政治"，秦制的主要内容，一是皇帝制度，二是以三公九卿为代表的官僚制度，三是管理地方的郡县制。但郡县制不是到秦代一下子冒出来的，它本身经历了一个从萌芽到发展，再到成熟、完备的历史过程。秦始皇统一天下后，群臣议分封，始皇听从李斯的建议废分封而行郡县。但宋代马端临认为，在此之前，秦国就没有实行裂土授疆的封建制度。林剑鸣先生完全肯定这个观点，并进一步认为在春秋时期秦国就已经如此。秦国未继位的国君子弟，"无尺土之封"，比如宣公有九子，成公有七子，穆公有四十子，均不立，也未见被封于何地，可见秦国确实没有分封的传统。《秦本纪》中说武公的儿子白"封平阳"，是就近安置在国都附近，不同于东方国家那种远距离、大规模的裂土授疆。

秦国历史上为何不行分封？我想有几方面的原因。第一，嬴秦原本与殷王朝关系密切，从出身上来说属于广义上的殷遗民，文化中有不少殷商旧习，但嫡长子继承制、分封子弟之制为周人的创造发明，秦人对此并不完全认同，比如他们就没有严格地遵行嫡长子继承制，还有兄终弟及的情况。第二，在东周列国中，秦国立国比较晚，晋、齐、鲁、燕等东方国家已经经过了200多年的发展，秦才建国。建国之后关中戎狄遍布，一片破败景象。虽然周平王将岐以西封给秦，但那只是一张空头支票，需要秦人自己去从戎人手中一点点夺来，所以秦开国的历史就是一部与西戎血战的历史。秦建国前后均有君主战死沙场，比如秦仲死于戎难，襄公伐戎而死，这在列国中相当罕见。既然生存环境险恶，就需要加强君主集权，调动足够的力量应对强敌，旨在分权的分封制显然不合时宜。兄终弟及也有现实意义，即保证君主成年，有足够的统率和驾驭能力；迂腐地坚持嫡长子继承制，会出现幼主继位、权臣坐大的局面。第三，虽然秦人在建国前后学习周礼，吸收宗周礼乐文明，但秦的学习流于形式，有其针对性和选择性：局限于礼器、悬乐、朝寝、宗庙、词赋等"面子"上的东西，以装点自己的门面，方便自己和周王室及东方诸侯打交道；对宗法制、分封制这类"里子"的东西不感兴趣，骨子里和周人不同。

但另一方面，秦、楚却是中国历史上最早设县的国家。"县"在古文里通"悬"，有"悬远"之意，即偏远之地。最初的县往往是新的军事占领区，设在边鄙之地，受中央直辖。公元前688年秦武公设邽县、冀县，是中国最早设县的记载。冀县在甘肃的甘谷县。再具体一点，我们认为它的县治（或者说县城），就在甘谷毛家坪遗址。我记得第一次去甘谷县，快到县界的时候，看到公路旁树立着巨大的广告牌，上面写着"华夏第一县"五个大字，老远就能看见。当时心里颇不以为然，觉得好大的口气，凭什么这么说？后来经过三年的发掘，再考量各方面情况，感觉毛家坪遗址还真可能是冀县的县治。当地人这么说不无道理。

有两个人和毛家坪遗址缘分很深，一个是赵化成老师，一个是我。上世纪80年代，赵老师在北大跟俞伟超先生读硕士研究生，当时北大的硕士生要自己到外面选点发掘，用发掘材料写论文。怎么选怎么挖，导师基本不管。当时他选了渭河南岸、甘谷县城西20公里的毛家坪，在遗址的居址区开了8个探方，每个探方5×5平方米，共200平方米；在墓地发掘了20座墓葬。赵老师手气不错，探方里大陶片一堆一堆地出。他有美术功底，手很巧，陶器很快拼对、修复出来，然后绘图、发表。发掘的东周时期的东西，比如墓葬、灰坑之类，和陕西的秦文化一样，一看就知道也是秦文化。还有西周时期的东西，和东周时期的一脉相承，所以也是秦文化。这就很重要了，因为秦人春秋初年才进关中，关中没有西周时期的秦文化。这等于把秦文化的编年往前推进了一大步，这是赵老师的贡献，也是他的成名作，一战成名。在这一点上学界都很认同，几乎无人质疑，后来我们开玩笑说他文章发表后，"提刀四顾，无人应战"。

但是，毛家坪的秦文化具体能早到西周什么时候还是有争

图100 甘谷毛家坪遗址分布图

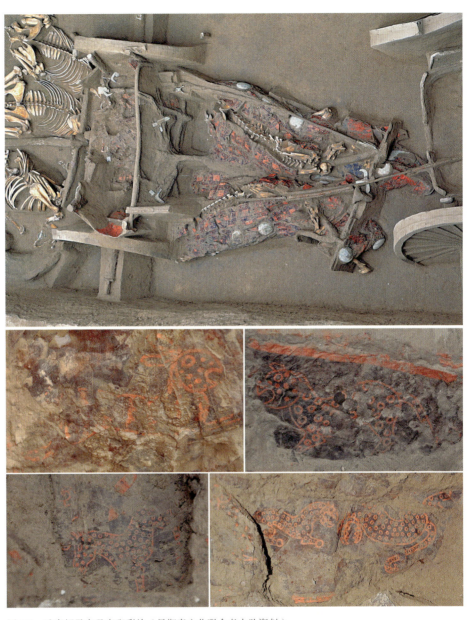

图101 毛家坪马车及车舆彩绘(早期秦文化联合考古队资料)

议的。赵老师自己认为在西周早期,有学者认为在商代晚期。我在挖毛家坪之前觉得没那么早,可能在西周中期。为什么要讨论这个问题?因为这涉及秦人什么时候迁徙到甘肃。这件事本来搁下了,直到清华简的发现——前面讲过,它记载秦人在周成王时被迫从山东迁徙到邾(朱)圉,李学勤先生认为,(朱)圉就是秦汉的冀县,即今天的甘谷县。而甘谷县面积最大、保存最好的秦文化遗址,就是毛家坪。所以我们决定再挖毛家坪。连续工作了3年,从2012年到2014年。

遗址的居址区几乎被今天的村庄占满了,但幸运的是,村中还有一片空地,赵老师当年的发掘点恰好在这片空地中。由于想解决年代问题,所以在他发掘的探方旁边又布了10个探方,挖下去一看,年代连西周中期都到不了,这里的秦文化是从西周晚期开始的。我到现在还是这个看法。

至于墓葬的发掘,比较曲折。这个遗址中部有条南北向的大冲沟(**图100**),沟东的墓地严重被盗,2012年在那里挖了几座小墓,出了几件陶罐,很寒酸,专家看了直摇头。后来在沟西居住区,也就是今天毛坪村以南,钻探出大片墓地,保存完好。我感觉保护任务很重很迫切,因为冬季盗墓活动最猖獗,就向县里呼吁。贾忠慧书记很重视,当即召开县委县政府四大班子联席会议,决定成立毛坪遗址保护领导小组,在遗址现场搭建板房,驻扎看护队,架设探照灯、摄像头,安装监控系统,这在甘肃考古发掘的历史上是前所未有的。

2013年,西北大学考古专业实习,重点放在沟西墓地。在沟西墓地周边钻探出围沟,相当于墓地的界沟。沟内墓葬很密集,我们发掘了一百余座。还钻探出两个长10米、宽3—4米的"大家伙",东面的一个深4米,按以往经验,是个车马坑;西边的一个深7米,难道是主墓?但探铲带上来红色的漆皮,还有方形小玉片,没见墓葬板灰,所以心里还是犯嘀咕。挖到距离底部1.2米深度的时候,两道轮牙的痕迹出来了,才知道有车,是个车马坑。坑里埋了3辆车(**图21下**),中间第二辆是主车,舆板上蒙皮革,上面黑底红彩,有虎豹、兔、鹿等彩绘动物形象，虎豹龇牙咧嘴，憨态可掬（图101）。同学们都说"太萌了！"。辕马蒙裹皮甲，整辆车流光溢彩。车上配备了三戈一矛，还有弓、镞，可以说武装到了牙齿。修车工具一应俱全。虽然秦人对礼器不重视，但对车马却一点都不含糊，很讲究。

问题马上来了：如果两个"大家伙"都是车马坑，它们的主墓在哪？秦墓的车马坑一般在主墓的东南，按照这个规律，主墓应在它们的西北。再一看，那里是发掘堆土的地方，钻探有所疏漏。马上把钻探队叫回来重钻，果不其然，在那里钻出两座5×3米的墓，尺寸是整个墓地中最大的。但当时已到年底，天寒地冻的，决定来年再战。

2014年，终于把这两座墓清理出来了，西边的一座编号M2059，深10米，墓壁上有5个壁龛，殉葬了6个人，随葬了5鼎4簋的成套铜礼器。一椁二棺，墓主人头西足东，胸部散落大量饰件；下肢微屈，怀里抱一件玉璧。棺内外有5件兵器：3戈2剑，最重要的是紧贴他右肩部的1件铜戈，胡部有14字的铭文，前6个字是"秦公作子车用"（图102）。我们称之为"子车戈"。

我们说这个"秦公"肯定是秦穆公。文献里面记载，跟子车氏关系铁的就是穆公，没有别人。秦公为国君，他给臣子下属作器，很少见；因为秦穆公和子车氏的关系非同一般。这也是目前所知唯一一件秦穆公所作器物。"子车"是谁？《秦风·黄鸟》提到秦国的子车氏家族，出了三位贤臣，是穆公的亲信，穆公死后他们也从死殉葬，被称为"三良"。这个墓的主人不是"三良"之一，可能是"三良"的子侄辈。子车氏深得秦国君主信任，因为这个地方是冀县的县治，早期的县是军事直辖区，必须要派心腹大臣去统领，所以就把子车氏家族的人派来了，让他担任当地的军政长官，镇抚一方。

《秦风·黄鸟》说奄息是"百夫之特"，仲行是"百夫之防"，针虎是"百夫之御"；说明这三人勇不可当，都是"百人敌"。他们作为武官，很可能统领着秦穆公的禁卫亲军，担当穆公身边的侍卫长。先秦时期，国君的禁卫军由"公族之良"，也就是与国君同姓同族的精锐子弟构成。想想也是，当时国君不可能把自己的日常安危托付给外姓、异族。到清代还是这样，当时的御前带刀侍卫，一般从王公贵戚子弟中选拔，基本出身于上三旗。从这个角度说，子车氏也应该是嬴姓，属于嬴秦的公族。

毛家坪发掘了三年，最后出了子车戈，画龙点睛，使我们明白了遗址的级别和性质。遗址的繁荣期在春秋中期，铜器墓——包括 M2059，集中在这个时期，恰恰在秦武公设县之后。遗址的面积为 60 万平方米，与县邑相称。可惜的是居址区被村庄叠压，没法开展工作，也没找到城墙。

图 102 毛家坪 M2059 及子车戈
（早期秦文化联合考古队资料）

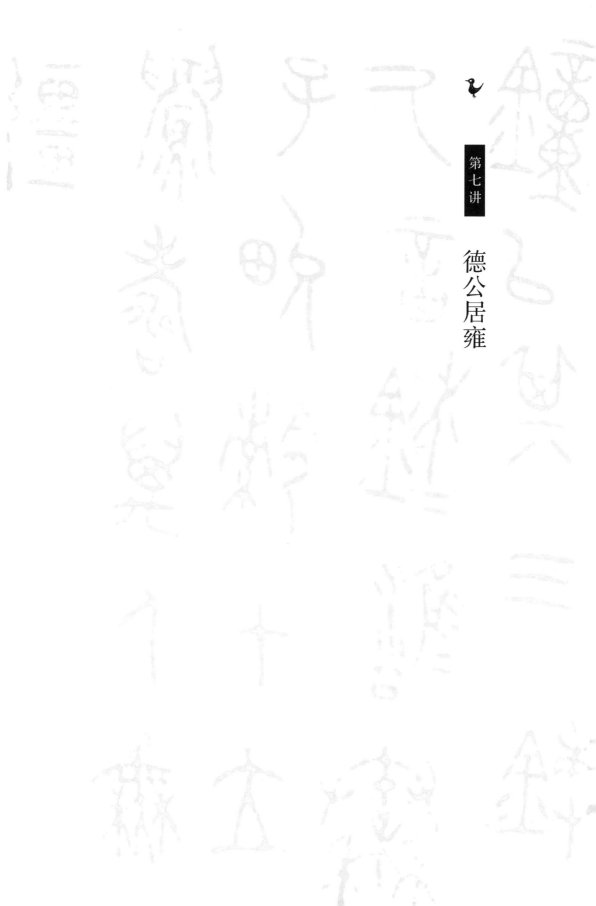

第七讲

德公居雍

德公元年，初居雍城大郑宫。以牺三百牢祠鄜畤。卜居雍。后子孙饮马于河。梁伯、芮伯来朝。

二年，初伏，以狗御蛊。

德公生三十三岁而立，立二年卒。生子三人：长子宣公，中子成公，少子缪（穆）公。长子宣公立。

——《史记·秦本纪》

秦德公即位后第一年就急着迁都，我想这和武公的儿子白有直接关系。公子白被封在平阳，他的势力或者潜力不小，德公如果继续在平阳待下去，与他发生矛盾在所难免，将来或许有君位之争，叔侄反目，大动干戈。所以德公元年就迁都，既能保全叔侄情义，又能开拓新的生存空间、开创新的政治局面，实在是很英明的决策。

此外，古代城市选址一般都在高敞处，以防水患。但秦都平阳的选址却有缺陷，它位于渭河北岸一级阶地，地势太低，易生洪涝灾害。地形东西狭长，缺乏纵深，不利于防御。因此，德公要将都城迁到北面宽阔平坦的凤翔塬上。

梁国、芮国在关中东部的韩城，他们在德公元年（公元前677年）"来朝"，不仅仅祝贺德公即位，更是一种政治表态：两国愿意臣服于秦。这种表态仅一次不够，秦国后来新君继位还需要，以再次确认这种主从关系。所以我们又看到成公元年（公元前663年），"梁伯、芮伯来朝"。但穆公继位之后，不见梁、芮朝秦的记载，秦与两国或已交恶，直到秦穆公二十年（公元前640年）灭梁、芮。

三伏天是一年中最热的时候，包括初伏、中伏、末伏，这时候要想办法避暑。秦德公最早制定三伏之节，并杀狗祭祀。《史记正义》认为是把狗肢解后悬挂在城郭四门，以禳除热毒。"蛊"就是热毒恶气。我们知道秦人有殉狗的习俗，还有犬祭的传统，"以狗御蛊"就是犬祭的一种。1980年在陕西凤翔大辛村发掘了两座春秋时期的祭祀坑，坑呈圆袋状，坑底有草木灰和红烧土，坑内埋了四层祭祀动物的骨骼，共出羊15、狗

11、猪7,包括3副完整的狗骨架。[1]大辛村位于秦都雍城西郊,北依雍水河,祭祀坑向东正对雍城西墙南起第二门,此门宽10米,路土向东延伸至城内的宫殿区。这两个坑可能就是磔狗禳祭的遗留。

从秦德公元年(公元前677年)居雍,直到秦孝公十二年(公元前350年)迁都咸阳,雍城作为秦国的都城达327年之久,历经德公、宣公、成公、穆公、康公、共公、桓公、景公、哀公、惠公、悼公、厉共公、躁公、怀公、灵公、简公、(后)惠公、出公。

问题十七 | 雍城探微

"初居""卜居"雍,说明在德公迁都之前这个地方就叫"雍"。"雍"字的小篆写法从水、从邑、从隹,隹是鸟的象形;金文写法中用方框表示城邑,意思一样,表示有水、有鸟、有人居的地方。"雍"又写作"邕",金文写法从邑、从水,表示四方有水环绕的城邑(图103)。那么,秦都雍城的地理环境是不是这样呢?

雍城在今陕西省凤翔县城南,位于雍水河与其北岸支流的汇聚之处,地势西北高东南低(图104)。近年来,田亚岐先生率领雍城考古队基本搞清了雍城的水系分布[2],环城四周的确都有河流:城西、南为雍水河,城东有纸坊河与塔寺河,城北与东北有凤凰泉河。它们河谷纵深,水量充沛,汇聚于今东风水库,即雍城的东南角,同时还有多条小河流穿城而过。城西北

[1]雍城考古队:《陕西凤翔县大辛村遗址发掘简报》,《考古与文物》1985年1期。

[2]田亚岐:《秦都雍城布局研究》,《考古与文物》2013年5期。

雍字小篆　雍字金文　邕字金文　淢字金文　淢字小篆

图103 雍、邕、淢的金文和小篆

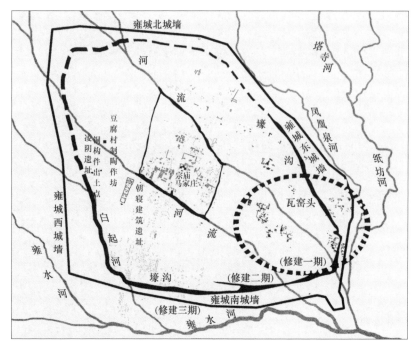

图 104 雍城水系及城市发展示意图（据田亚岐 2015 年）

发现大型的堰塘遗址，相当于水库，可用来调控雍水河及穿城河流的水量。城外河流构成了外围的天然屏障，城内河流又是便捷的水上通道。城内人沿河而居，聚落、宫室临河分布，道路顺河而行。秦都的人们充分利用了水资源在生产、生活、安防、交通上所能起到的作用。

这个考古成果完全颠覆了我们对雍城的认知。因为今天渭北地区水土流失很严重，很多河流都已枯竭，尘土飞扬，所谓"八百里秦川尘土飞扬，三千万父老齐吼秦腔"，原以为当时的雍城也好不到哪儿去，没想到它水网纵横，是一个"水上之城"。河流多的话，就会有很多沼泽芦苇，水草丰茂。《秦风·蒹葭》云：

> 蒹葭苍苍，白露为霜。所谓伊人，在水一方。溯洄从之，道阻且长。溯游从之，宛在水中央。
>
> 蒹葭凄凄，白露未晞。所谓伊人，在水之湄。溯洄从之，道阻且跻。溯游从之，宛在水中坻。

> 蒹葭采采，白露未已。所谓伊人，在水之涘。溯洄从之，道阻且右。溯游从之，宛在水中沚。

秋水伊人，的确很美。我原来很诧异西北的秦国在诗中被描绘成了水乡泽国，宛如江南；现在知道雍城是一座"水城"，就释然了。

德公为什么把他在雍城居住的宫室叫"大郑宫"？因为凤翔在西周时属于郑地，位于西周郑国的范围内。周宣王把他弟弟封在郑，即郑桓公，都邑在棫林；后来郑国东迁到陕西华县，又东迁到河南新郑。"棫林"的"棫"在西周金文中常写作"淢"，这个字从水、从或，"或"即"國"，表示国都城外的沟洫，与雍、邕的含义相似（图103）。1962年，在雍城内西北部发现一个"棫"字残瓦当，当面有一周网格纹，内饰云纹；字体较小，夹在网格纹中间（图105左）。发现者认为它应是"棫阳"瓦当，因为文献记载秦汉的雍县有棫阳宫，是秦昭王建的。后来在雍城南郊的东社果然采集到完整的"棫阳"文字瓦当（图105右）。这种早期的文字瓦当，字体较小，夹在当面纹饰中间，年代属战国晚期至秦代。

"棫阳"和"棫林"虽然有关系，但不在一个地方，前者应在后者之南。为什么这么说？因为在秦景公十八年（公元前559年），晋国率领的多国联军从东向西入侵秦国，渡过泾河，到达棫林这个地方。棫阳就在雍城，它如果和棫林在一处，那

凤翔豆腐村南出土

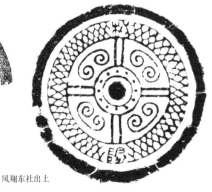

凤翔东社出土

图105 "棫阳"文字瓦当

秦国的首都就被敌军端掉了，国家都灭亡了，那不可能。棫林应靠近凤翔北山，在凤翔县横水镇劝读村发现有大型西周遗址，位于北山南麓，西南距雍城约15公里，可能就是郑国最初的都邑棫林之所在。

大郑宫在哪里？在雍城内什么位置？它又是什么样子？考古队在雍城内发现了很多建筑基址，各类遗存都有。田亚岐先生研究认为，雍城作为秦都327年的时间可分为早、中、晚三期（**图104**），早期遗存分布在城址区的东南部，以瓦窑头村一带为中心，分布面积约1平方公里；中期遗存扩展到城址区的中部，以马家庄村一带为中心，在自然河流基础上人工开凿壕沟，圈起来的面积约7平方公里；晚期遗存遍及整个城址区，并在北部的铁丰、高王寺一带扩建了新的宫区，城墙建造于这个时期，面积约10平方公里。[1]

在瓦窑头村发现了早期的大型宫室建筑，建筑残长186米，保存得不完整，东、北被破坏得比较严重（**图106:1**）。它由南向北有五门、五进院落，门内外有屏，左右两侧有厢房，庭院周围有回廊，当然还有主体殿堂，呈"前朝后寝"的格局，性质属朝寝建筑，就是秦公办公、休息的地方。瓦窑头宫室建筑是否就是大郑宫？很值得考虑。

这组建筑和上世纪80年代在马家庄西南钻探发现的秦公朝寝建筑（马家庄三号建筑）很相似（**图106:2**），总体结构很像，都是从南向北有五进院落，在布局上都有一条南北向中轴线，而且轴线的方向都是北偏东；只是后者规模更宏大，南北长度300多米，东西宽度七八十米，简直就是2000多年前的"故宫"。在文献经典中，这种形制结构叫"五门三朝"，即皋、库、雉、应、路五个门，外、中、内三朝。由南向北第一、二院落是外朝，主要处理外交活动、对外战争等，第三院落是中朝，主要处理国家内政，第四、五院落是内朝，主要处理国君家事、宗族内务。文献记载"五门三朝"是天子才能享用的规格。

秦人原本文化程度不高，这套规制从哪里来的？跟周人学的。春秋时周天子权威下降，诸侯坐大，秦人就堂而皇之地享

[1] 田亚岐、王炜林：《秦都雍城聚落结构与沿革的考古学观察》，载吉林大学边疆考古研究中心编：《庆祝张忠培先生八十岁论文集》，科学出版社，2014年。

用周天子的礼制待遇。当然，西周时周王的这种建筑还没有考古发现，根据小盂鼎铭文可以大致复原出来（图106:3）。前面讲过，秦人向周人学习，特别注重"脸面"上的东西，朝寝建筑更是如此，功夫要做足了。这种心理，现在也一样，各地都是政府办公大楼盖得最高大。

从德公迁雍之后，到商鞅变法之前，秦的朝寝建筑应该都是这个样子，形成了固定的模式。《秦记》里说康公、共公居"雍高寝"，桓公居"雍太寝"，躁公居"受寝"，可见雍城里有多处朝寝建筑。新国君继位后，嫌以前的"办公楼"老旧，找地方盖新的，这挺正常的。将来在雍城，或者别的地方——比如栎阳，再发现这种建筑，都不足为奇。

在马家庄三号建筑东北、雍城的中部，有马家庄宫区。宫区南、北以自然河流为界，东、西有壕沟，是一个相对独立的区域。其中建筑基址分布密集，又以马家庄一号建筑最为重要，性质为宗庙，由北部居中的祖庙、东部的昭庙、西部的穆

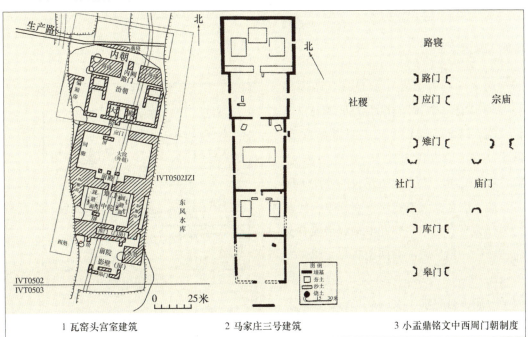

图106 雍城朝寝建筑与西周门朝制度

1 瓦窑头宫室建筑　　2 马家庄三号建筑　　3 小盂鼎铭文中西周门朝制度

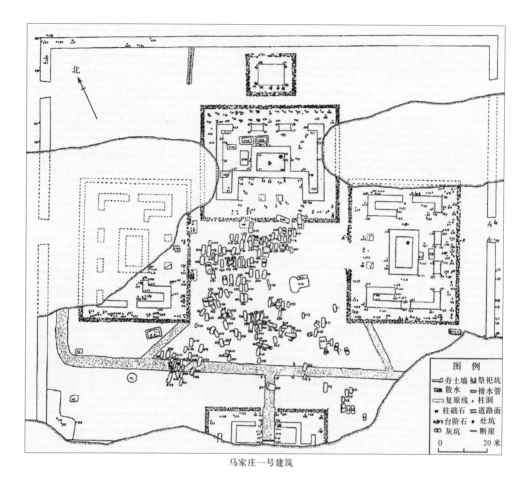

马家庄一号建筑

图 107 周、秦宗庙

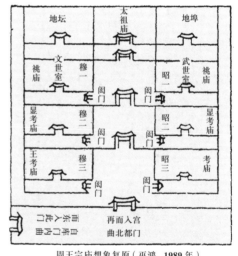

周王宗庙想象复原（巫鸿，1989年）

庙、南部的门塾以及中庭组成，四周环绕围墙形成一个封闭式的空间（图107上）。祖、昭、穆庙均呈凹字形，四周有回廊、散水。在中庭及周边发现181个祭祀坑，牺牲有牛、羊、人。这组建筑的性质无疑是宗庙，因为大量祭祀坑摆在那里，问题是为什么只有三个庙？礼书记载诸侯有五庙，即祢、祖、曾、高四亲庙（二昭庙二穆庙），外加始受命的太祖庙（祖庙）。周天子七庙，是再加上文、武二庙。建筑形式是祖庙居北，昭、穆庙两两相对向南排

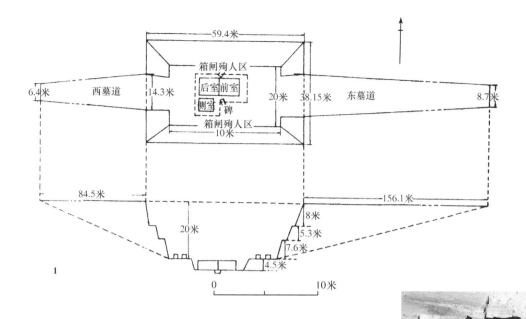

图 108 秦公一号大墓及椁室榫卯结构（雍城考古队提供）

列（图107下）。秦为诸侯，理应有五庙。只有三庙的，原因可能有两个：一、宗庙是秦德公建的，祖庙祭襄公、文公、宪公是爷孙相继为君，合祭于穆庙，昭庙祭静公。换句话说，当时没有更多的宗庙可建，德公也不会为他兄弟（武公、出子）立庙。二、在它的南面还有一个院落，里面有东西相对的一昭庙、一穆庙，与北面的三庙共同构成五庙。但马家庄一号建筑的南面被当地砖厂取土破坏了，这个问题恐怕永远得不到答案了。

秦公陵园分布在雍城的南郊，共发现14座，位于南郊的三岔村（14号）和南指挥村一带（1—13号），包括21座大墓，以及凸字形、目字形车马坑。1976—1986年，一号陵园的秦公一号大墓历经十年发掘，终于揭椁。墓形为东西向中字形（图108:1），墓内有主、副椁室，椁室用柏木堆垒而成，转角处的枋木头端有榫卯，套合在一起（图108:2），为"黄肠题凑"的雏形。二层台上殉人。据墓内石磬铭文，墓主为春秋晚期的秦景公。

经过后代200多次盗掘，这座大墓还出土了各类文物

1　　　　　　　　2　　　　　　　　3　　　　　　　　4

3500多件，其中金器有金怪兽（图109:1）、金虎（图109:2）、金带钩（图109:3）、金啄木鸟（图109:4）等。怪兽大耳，双弯角，怒目圆睁。啄木鸟高冠，尖喙，宽尾。带钩的钩首为鸭首形，上刻"S"形纹，钩体为梯形，饰蟠虺纹，背中空有钮。虎蹲伏卷尾，前爪下有柱状柄。我们知道，中国中原地区贵族长期以来喜欢用铜器、玉器作为身份地位的象征，不喜欢使用金器，但在欧亚草原，黄金的制作和使用却有悠久的传统。秦国贵族却非常喜爱金器，金器的种类多、应用广、流行的时间长，这在列国中显得较为"另类"。究其原因，是因为秦国位于历史上农、牧业的交错地带，文化上沾染了戎狄之风，受到了草原部族的影响。

当然，秦公一号大墓也出土了不少玉器，包括宫灯形玉佩（图110:1）、长方形玉佩（图110:2）、璋形器（图110:3）、玉璜（图110:4）、玉玦（图110:5）、玉璧（图110:6）、玉马头（图110:7）、玉鞋底（图110:8）、玉戈（图110:9）等。宫灯形玉佩造型非常独特，其实是两只首尾衔接的虺龙，龙前有歧角，后有鳍尾，上有鼻吻，下有胡须，身上阴刻细密的勾连纹，并镂空L形纹和云纹。长方形玉佩三边皆有凸齿，阴刻云纹和蟠虺纹，还有折线及三角形镂空。璋形器阴刻蟠虺纹，出土时多位于棺木两侧，可能是棺饰。璜、玦、璧上均阴刻粗犷的方折勾连纹，纹饰沟槽内涂朱砂。春秋秦国玉器流行平面阴刻的勾连蟠虺纹，不同于东方列国玉器的浅浮雕风格，造型独树一帜。

图109　秦公一号大墓出土金器
1　金怪兽
2　金虎
3　金带钩
4　金啄木鸟

图 110 秦公一号大墓出土玉器

玉戈的援上下开刃，阑部呈条形凸起，内里中部切出凹槽，边上钻两小孔，可以将木柲嵌到凹槽里，然后透过小孔穿绳捆缚固定，可能是秦公出行时使用的仪仗性玉器，即"礼兵"。马头为墨玉质地，棱角分明，目圆睁，口微张，耳残，颈后有榫和圆孔，以便嵌入固定，形象写实逼真。春秋时秦国的相马术已很发达，秦穆公手下有相马大师伯乐，著有《相马经》，说千里马的额头隆起，双目突出——和这件玉马挺像；他还推荐了九方皋，后者相马术出神入化，已得内在精髓而忘其外形。一双鞋底也是墨玉质地，看起来不起眼，却是礼仪用器，出土时位于椁盖上，有很重要的象征意义。春秋历史上有一段著名的外交辞令，齐桓公伐楚，楚使问所为何来？管仲说昔日召康公命我先君姜太公辅佐周王室，"赐我先君履，东至于海，西至于河，南至于穆陵，北至于无棣"，你们楚国不进贡缩酒用的包茅，周王的祭祀没法进行，我特来征收；周昭王南征没有返回，我特来询问。楚使回答说敢不供给？至于昭王，你们去问河神吧。前人多把这个"履"字解释为领地，意即践履、踩踏过的地方。但秦公一号大墓出土的玉鞋底说明，诸侯国受封的时候，真可能被赐以玉履（鞋底），以象征对领土的授权。

这座墓给人印象最深的是它的规模之大、体量之巨，令人惊叹。全长300米，深24米，总面积5334平方米，容积54888立方米。这组数据说明了什么？对理解秦文化有什么意义？它是目前为止发掘的最大的先秦时期古墓，没有之一。横向比较，它的规模远远超过同时期东方诸侯墓，比周王墓都大得多。纵向比较，后来的战国秦王陵继承了这个特点，到秦始皇陵更是登峰造极，举全国之力修建，冢高40米，"树草木以象山"。秦人好大喜功，秦文化求大、尚多的特点，在陵墓上充分表现出来了。国君的陵墓巨大无比，下面的贵族墓怎么样？七鼎墓也不过5米长、3米宽，相比之下简直微不足道，平民更不用说了。社会的财富、资源集中在国君手中，社会结构两极分化，社会形态是扁平化的，这从墓葬上就能看出来。

第八讲

穆公霸业

二十年，秦灭梁、芮。……

三十七年，秦用由余谋伐戎王，益国十二，开地千里，遂霸西戎。天子使召公过贺缪公以金鼓。

三十九年，缪公卒，葬雍。从死者百七十七人，秦之良臣子舆氏三人名曰奄息、仲行、针虎，亦在从死之中。秦人哀之，为作歌黄鸟之诗。

君子曰："秦缪公广地益国，东服强晋，西霸戎夷，然不为诸侯盟主，亦宜哉。死而弃民，收其良臣而从死。且先王崩，尚犹遗德垂法，况夺之善人良臣百姓所哀者乎？是以知秦不能复东征也。"

缪公子四十人，其太子罃代立，是为康公。

——《史记·秦本纪》

秦穆公所处的时代，相当于春秋中期的前段。前面讲过，在林剑鸣先生的秦史分期中，春秋时期是以穆公为界划分为前、后段的。如果通盘考察秦人发展史的话，穆公也是一个很重要的节点。在此之前，秦人从小到大，从弱变强，由附庸而大夫，再到诸侯，一直处于一个实力上升的阶段；英迈之主穆公，更是率领秦国走向春秋时代的顶峰。但穆公之后，秦开始走下坡路，内争不断，被动挨打，国运日蹇，逐渐陷入徘徊的低谷；直到献公振作起来，徙治栎阳，试图东进，孝公用商鞅变法，秦国才再次崛起。

穆公东征西讨，戎马一生。他的业绩，《秦本纪》总结得非常好，就是"东服强晋，西霸戎夷"。秦国的版图在他手里，向东推进到黄河，与晋划河而治。"遂霸西戎"，就是使西戎诸部落臣服，奉秦为盟主。秦为西方诸侯之长，得到了周天子的正式认可，派遣召公为使节，举行册命仪式，即秦孝公所说"天子致伯，诸侯毕贺"，并赐穆公以金、鼓。金、鼓为军旅之乐，表明穆公可代表天子征伐。霸、伯相通，秦当时的地位类似于殷末周文王称"西伯"。

穆公葬雍，从死者众，三良亦在其中，遭时人诟病，这也是穆公被史家改称为"缪公"的由来。《秦本纪》中"君子",应为东方国家士大夫,不了解从死乃秦国由来已久的习俗,无关乎君主私德。但"是以知秦不能复东征也",却一语成谶。

问题十八 | 秦灭梁、芮

梁、芮多次连称,共进退,是因为两国临近,关系密切,都在今天陕西韩城。梁在前,芮在后,可能因为梁也是嬴姓,与秦同宗共祖,在秦国面前比姬姓的芮地位要高。文献记载秦仲的小儿子康被周王封在韩城,这是梁国的由来。为什么叫"梁"国?因为韩城在梁山南,梁山是关中北山东段的小地名。这个地名早得很,当年,周人先祖古公亶父率族人离开豳地南迁,就是"逾梁山,止于岐下"(《周本纪》),迁到周原。是先有地名,后有国名。秦灭梁后,把当地叫"少梁",后又改叫"夏阳",就是司马迁的家乡。梁国留下的东西不多,北京故宫博物院藏有一件梁伯戈,铭文说:"梁白(伯)作宫行元用,卬(抑)鬼方蛮,卬(抑)攻旁(方)。"

图111 梁伯戈及铭文

这种三角锋长援中胡三穿戈，一看就知道是春秋早期的样式。唯一不同的是援上刃末端上扬（图111）。铭文说梁伯作器伐鬼方、攻方。鬼方名气很大，商代晚期至西周早期活动于晋陕高原，商人、周人都曾经征伐过，后来销声匿迹了。在春秋早期的梁伯戈中突然又冒出来了，它与商末周初的鬼方不见得是一回事。我倒觉得它可能是《伯硕父鼎》铭文里的"赤戎"，也就是后来的赤狄。赤狄是隗（媿）姓，文献有明确记载。鬼、隗、媿、怀都相通。两周之际赤戎或赤狄活动在南流黄河两岸，与河西的梁国发生冲突，实属正常。

梁国遗址在哪里？孙秉君先生曾主持过韩城梁带村发掘，对当地情况很熟悉。他告诉我一个信息，在韩城市西南17公里的芝川镇陶渠村发现有东西向的大型墓葬，长度三四十米，不止一座，可能是梁国的墓葬。这个消息应该可靠，因为梁是嬴姓，和秦一样，其墓葬也应是东西向的，与姬姓周人的南北向墓不同。

梁国夹在秦、晋两个大国之间，只能左右讨好，谁也不敢得罪，既向秦称臣，又嫁女于晋。晋惠公的夫人就是梁嬴，他们的儿子是晋怀公。梁伯还娶姬姓诸侯的女儿，叫"梁姬"；三门峡虢国墓地出有梁姬铭文的小铜罐，可能是首饰盒，属于馈赠。梁国国君都叫"梁伯"，不止一个人。《左传》说梁伯大兴土木，到处建城，又没人驻守，老百姓不堪重负，谣言四起，就一哄而散，秦国乘机灭梁。故事的真相可能是梁伯为了国家安全不得不加强城防，以及军事守备，但人力有限，又操之过急，遂招来亡国之祸。秦人干掉同姓的亲戚一点都不手软，晋国也这么干过，不这么干，成不了霸业。

大家现在都知道，芮国的位置在韩城市东北7公里的梁带村，因为在这里发现了芮国墓地（图112）。梁带村就在黄河边上，因断崖垮塌，暴露出不少墓葬。共钻探出上千座墓，还发掘了5座大型墓，其中南区有中字形1座、甲字形4座，都属于春秋早期。从铜器铭文来看，M27为芮公墓，M26为芮公夫人仲姜的墓，M19是芮公的次夫人墓，M28或为下一代芮公墓。

这些墓遵循了姬姓周人的丧葬习俗：南北向墓型、拆车葬、无腰坑无殉狗等。出土了成套的青铜礼器，精美的金、玉器（图113），男性墓出兵器。M27出七鼎六簋，其余出五鼎四簋。张天恩先生认为"仲姜"就是《左传》里的"芮姜"，她老公是芮桓公，就是M27的墓主。她是个女强人，老公去世后主持朝政，很强势，儿子芮伯万宠信佞人，被她放逐到国外。M28就是芮伯万的墓。[1]这些看法都很有道理。

梁带村芮国墓地从西周晚期延续到春秋早期，之前的芮国在哪里？或者说，芮国是从什么地方迁到韩城的？梁带村芮公墓出了几件西周早期的青铜器，应是芮国祖上的东西，是"传家宝"，可以作为探索早期芮国地望的线索。比如提梁卣腹部的凤鸟头上有长飘带式的羽冠（图114:1），浑身的羽毛绽放，像"炸开"了一样，这种鸟纹仅见于宝鸡地区。半环形带銎钺的钺刃为弯曲的虎背（图114:2），虎口含銎，与甘肃灵台白草坡西周墓出土的带銎钺非常相似。窄流短尾带牛首鋬的云雷纹铜角（图114:3），也和灵台白草坡的铜角酷似。这些东西把我们寻找早期芮国的目光引向了泾河上游地区。

[1] 张天恩：《芮国史事与考古发现的局部整合》，《文物》2010年第6期。

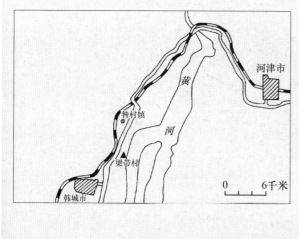

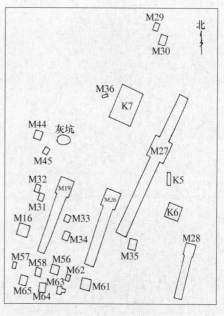

图112 韩城梁带村芮国墓地位置及分布图

图113 芮国墓地出土文物
1　仲姜鼎及铭文
2　龙纹小方鼎
3　兽面纹钲
4　芮公簋
5　玉项饰
6　金鞘玉剑
7　玉匕首
8　柄形器
9　柄形器
10　金手镯

图114 梁带村芮国墓地出土的早期遗物
1 卣　2 钺　3 角

虞、芮争讼的故事大家都知道。虞、芮两国因为土地纠纷想请周文王仲裁，到了周人那里看见人家民风淳朴、相互礼让，很不好意思，惭愧地回去了。这是商代末年的事。虞国在哪里？大家比较一致地认为，文献中的虞国就是金文里的夨国，在陕西汧河流域的陇县、千阳、宝鸡县一带。甘肃华亭、崇信县有一条汭河，自西向东注入泾河，它南边的黑河历史上也曾叫汭河，"汭"通"芮"，虞、芮临近，所以早期芮国应在甘肃华亭、崇信县一带。在汭河北岸发掘的崇信于家湾墓地，是典型的姬姓周人墓地，应是早期芮国的墓地，年代从商代晚期延续到西周中期。我们实地踏查过，遗址面积挺大，以后值得做工作。芮国可能是在西周晚期，从泾河上游迁徙到黄河边上的韩城。

芮的东迁不是偶然现象，西周晚期之后许多周室贵族都东迁了，比如虢、郑。原因何在？这和安全形势的变化有关。我们知道，泾河是西北戎狄南下入侵的重要通道，所以也是周王朝防御的重点，西周早期在那里建立起多层次的防御体系，比如驻扎有豳师。但到西周晚期，防御体系瓦解，安全形势恶化，迫使西部封国东迁。近年在澄城刘家洼发现的周人墓地，也有南北向中字形大墓，年代集中在春秋早期，根据铜器铭文，其主人应是芮国的末代国君。

秦人对关中东部的经营，从宪公二年伐荡社，到秦穆公灭梁、芮，前后有70余年，而且过程比较曲折。宪公灭荡社后，声势大涨，秦政伯丧戈中的铭文说"肇抚东方"，可见自信满满。宪公八年（前708年）曾试探性地进攻芮国，结果吃了败仗，首先是因为轻敌，更主要是因为当时芮姜主政，应对得力；秦军负气将放逐在外的芮伯万掳走，六年后才将他送归。经此一役，秦对关中东部周人封国开始小心起来，秦武公与之相安无事，但伐彭戏戎，在郑地（陕西华县）设县，却将秦的实际影响推进到关中东部，也才导致梁、芮等小国来朝。秦实力大增后，开始东渡黄河，与晋国掰手腕，先后有河阳之战、茅津之战、河曲之战、韩之战。尤其是"韩之战"，俘虏晋君，

图 115　梁带村芮国墓地出土的垂鳞纹鼎

获得重大胜利，晋献河西地，秦地东至河。穆公还将势力触角伸进到河东，在河东设置官司。秦国拥有黄河两岸大片土地，声威达到顶点。在秦、晋直接交锋的情况下，梁、芮等小国已经丧失了作为缓冲地带的意义，而且这些周人小邦摇摆不定，难免与晋暗通款曲，因此，秦穆公二十年（前640年）将他们一举灭掉，第一次完整地拥有了整个关中地区。

梁带村芮国墓地出土的浅腹或垂腹的垂鳞纹鼎（**图115**），有明显的秦式风格，与大堡子山秦公鼎较为相似，反映了当时秦文化对关中东部的影响。

问题十九　称霸西戎

西戎是秦人的老冤家、老对头。西戎是陇右的土著，秦人是外来户，二者为了争夺生存空间，争夺资源，肯定会大打出手。秦是在与西戎反复较量的过程中发展壮大，并建立国家的,但这个"较量"充满了血腥。周厉王时,西戎将礼县西犬丘的秦人灭族。周宣王时,清水秦人的首领秦仲奋起伐戎,战死。秦庄公在宣王七千兵马的帮助下一举伐破西戎,收复了犬丘故地。秦襄公的兄长世父曾被戎人俘虏,襄公自己也死于伐戎的征途。文公派兵扫荡关中西部的戎人,武公伐邦戎、冀戎,设县。那么,考古学上所见这些戎人的文化是什么样的?其分布状态如何?对秦人的发展又有什么影响?

2004年,我们调查西汉水上游,发现了26处寺洼文化的遗址。这种文化因最初发现于临洮寺洼山而得名,它的陶片很好辨认,夹粗砂,烧制的火候低,颜色斑驳不匀,代表性的陶器是马鞍形口罐,陶罐有马鞍状的凹口(**图116**),与秦文化较硬的绳纹灰陶片截然不同。这些遗址与秦的遗址犬牙交错,挨得很紧。甚至有些秦遗址中就包含寺洼的东西,比如礼县县城西侧的西山坪遗址,发现有城墙、夯土台基、秦的高等级贵族墓,可能是西周时期秦人的军事要塞;但在城外采集到大量寺

图116 礼县博物馆藏寺洼文化陶器
1 马鞍形口罐
2 侈口罐
3 双耳罐

洼文化的陶器。寺洼文化就是当时与秦较量的戎人的文化，其遗址在礼县与秦的遗址呈"扎堆"分布的状态。

有人可能会问：这是不是说明秦人与戎人关系很好，你中有我，我中有你？我说不是，这反映了秦与戎在空间上的紧张关系。古代地广人稀，没必要"扎堆"居住，如果"扎堆"的话，一定有原因。什么原因？与资源有关。礼县有盐官镇，镇里有盐井祠，仍出卤水，能土法制盐。杜甫有诗描绘当地产盐的盛况，西安秦代封泥有"西盐"，就是指礼县的盐业。盐是必需品，人吃了盐才有劲，马吃了盐才能膘肥体壮，所以马要啃卤土，动物血液中天然含有盐分。在古代盐是很稀缺的资源，关中那么大，都没一处产盐的地方，所以秦汉要盐铁官营，但也走私不断，金庸的小说《倚天屠龙记》就是从私盐贩子开始的。正因为礼县那点盐，所以各类文化、各路人马都被吸引过来，火拼、争斗在所难免。我们看遗址分布图，从大堡子山到盐官镇这一段，没有寺洼的遗址，只有秦的遗址，产盐的核心地段，是被秦人牢牢掌握在自己手里的。

非子被周孝王封在清水，清水那边情况如何？我们两次系统调查牛头河流域，竟然没有采集到一块寺洼文化的陶片，更没发现一处该文化的遗址，说明当地是西戎势力分布的空白区。唯其如此，秦人才获得了一块起码的生存空间，可以从容发展，不像在礼县有那么大的压力。秦仲当上大夫，过起了闲暇的贵族生活，《秦风·车邻》描绘辚辚车声、白额头的马，以及瑟、簧的演奏，这与礼县那边打打杀杀、你死我活的节奏完全不同。当然清水周边也有戎人，在北面庄浪县就有不少寺洼文化的遗址，清水李崖遗址有几座寺洼文化的墓，其中一座与秦墓构成"对子墓"，就是夫妇并穴合葬墓，说明秦人的中下层社会成员和戎人还有通婚，上层当然不可能。通婚的对象可能来自庄浪。清水的秦人与戎人和平共处，保持着一种睦邻友好的关系。总之，生存环境的不同，是礼县、清水两支秦人命运各异，一支覆灭、一支兴起的原因。

到庄公收复西犬丘之后，秦人才取得了对戎作战的压倒性优势。秦建国后更是大举扫荡诸戎，开疆拓土，西戎人群被迫向西、向南大规模迁徙，还有一些被吸收到秦人群体中。这造成一个现象，就是进入春秋时期，寺洼文化在原住地销声匿迹。跑哪里去了？在岷江上游战国至汉初的石板墓中经常可见马鞍形口罐和双耳罐，这与寺洼文化有关，他们可能沿横断山脉南下了。

寺洼文化不仅陶器与秦不同，葬俗也大不相同。寺洼文化流行竖穴土坑墓，除了单人仰身直肢葬外，二次葬也占很大比例，就是把死者的尸骨再次易地而葬，墓坑里骨头很乱，而且很多是二次多人的合葬。寺洼文化来源于齐家文化，是西北地区的土著，应与历史上的羌人有关。羌是很古老的民族，在商代甲骨文里就有伐羌的记载。寺洼文化的人群，准确地说，应该叫"羌戎"；他们的体质特征，据检测与现代蒙古人种的南亚类型最接近。

那么，秦穆公面对的西戎，是什么样的人群？《史记·匈奴列传》中说：

> 秦穆公得由余，西戎八国服于秦，故自陇以西有绵诸、绲戎、翟、獂之戎；岐、梁山、泾、漆之北有义渠、大荔、乌氏、朐衍之戎。

这时期的西戎，主要分布在以陇山为中心的甘肃、宁夏，环绕在秦国的西、北外围，包括渭河上游、泾河上游、宁夏清水河。其中可以和考古资料大概对应的有绵诸、獂、义渠、乌氏戎（图117）。

绵诸戎在天水市周边，主要分布在张家川、清水、秦安等县。最重要的发现当数张家川马家塬戎王墓地（图118:1、2），流行墓室与墓道轴线垂直的凸字形偏洞室墓，有的墓主带金或银项圈、耳坠、头饰、臂钏，腰缠牌饰及金腰带，非常土豪；在墓道或墓室内随葬装饰华丽的车子，车子髹漆，装饰镂空的铜饰片，或虎、豹、狼、鹿、羊等动物形的金银花饰，草原风格强烈。虽然墓地的年代属战国晚期，但绵诸戎在春秋时就活动在那一带，在清水、秦安县博物馆能见到更早的

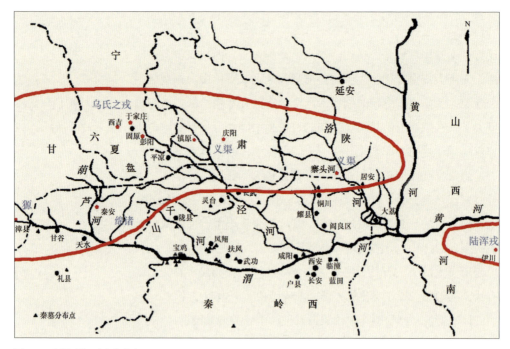

图 117　东周时期西戎的分布

北方草原风格的铜器。有学者认为，穆公任用由余所伐的戎王就是绵诸戎。[1]

獂戎在渭河上游的漳县。近年在漳县墩坪发掘了一处西戎墓地，流行墓室与竖穴墓道轴线平行的曰字形偏洞室墓（图119:2、3），死者为头东足西的仰身直肢葬式，墓道里殉埋多层牛、马、羊的头、蹄（图119:1）。出土了铜铁质兵器（图119:8）、工具（图119:5）、车马器（图119:7）、装饰品（图119:4）等，其中，竿头饰（图119:6）、三叉护手剑、半月形金项饰最具北方色彩。陶器为双耳罐（图119:9），制作粗糙。墓地年代为春秋中晚期至战国早期。《秦本纪》说秦孝公元年（公元前361年）斩杀獂王，荡平獂戎，与墓地的年代下限是一致的。

乌氏戎在宁夏的清水河流域，历年来在固原、中宁、彭阳等地发掘了不少西戎的墓葬，流行墓室和墓道轴线重合的顺室墓（图120:1），头向东或东北的仰身直肢葬式，殉牲普遍，随葬双鸟回首剑（图120:2）、鹤嘴斧（图120:6）、环首弧背刀（图120:3）、带扣（图120:5）、动物或鸟形牌饰等典型的北方风格铜器（图120:4、7-9）。《汉书·地理志》所说的乌水就是清水河，因此，这些墓

[1] 马非百：《秦集史》，中华书局，1982年。

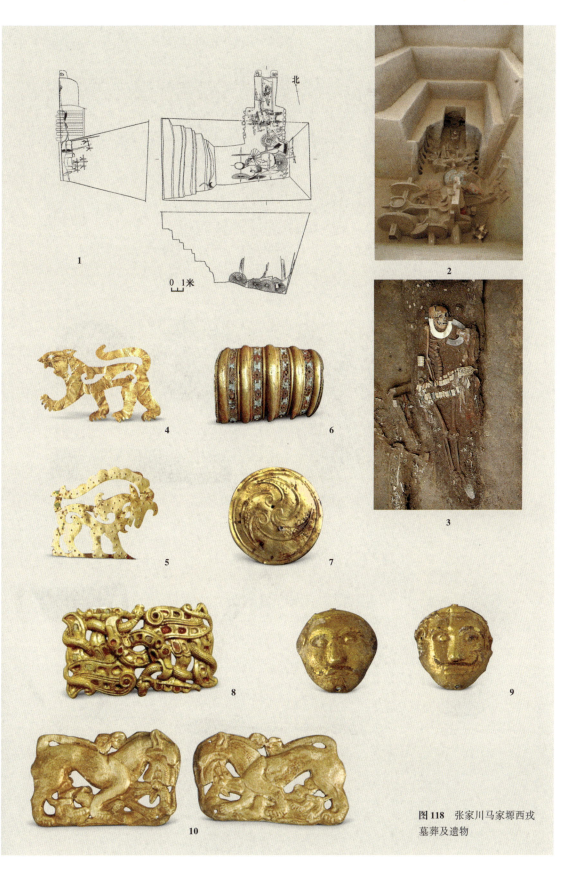

图118 张家川马家塬西戎墓葬及遗物

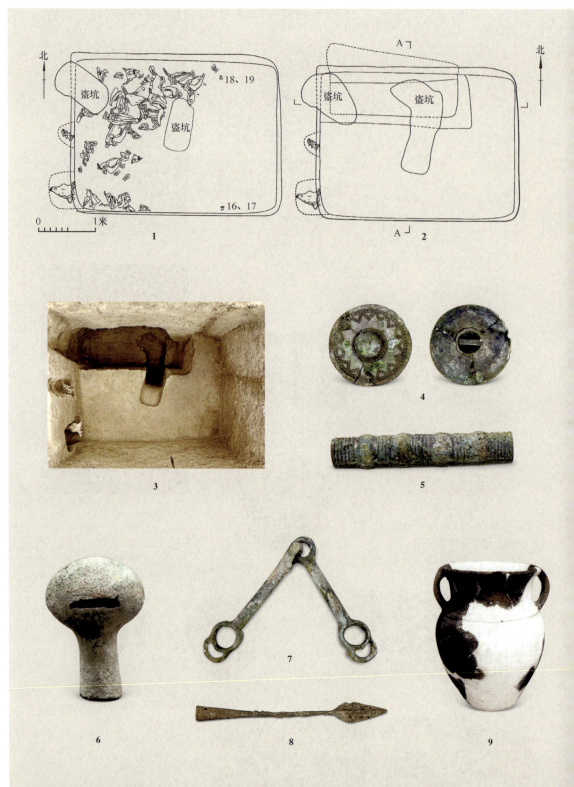

图 119 漳县墩坪西戎墓葬及遗物

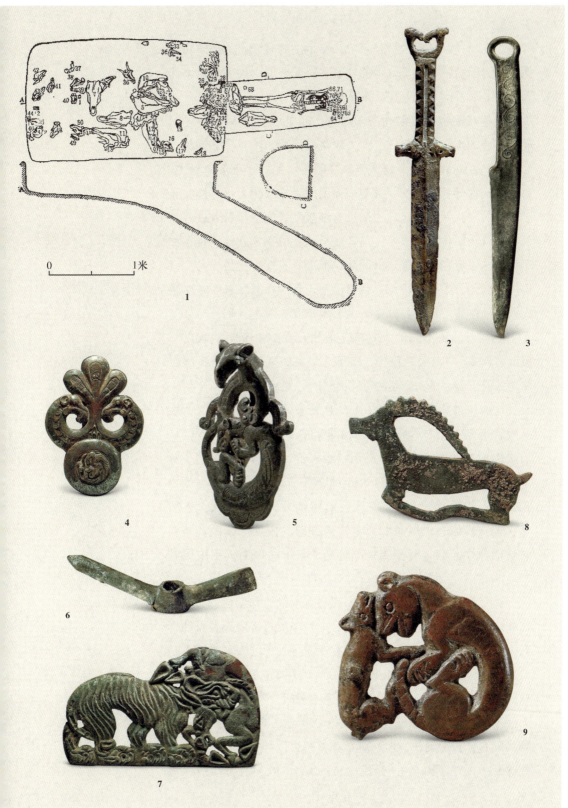

图120 清水河流域西戎墓葬及遗物

葬属于乌氏戎。乌氏戎擅长畜牧，秦始皇的时候有一个叫乌氏倮的人，因畜牧而致富，他的牲畜多得需要以山谷为单位去计算，始皇赐予他"比封君"的待遇。

义渠戎在泾河上游的庆阳地区，80年代在那里零星地发现有墓葬和殉马坑，出土了北方风格的兵器、工具、装饰品。

这些"西戎八国"的文化，在陶器、铜器、墓形、葬式、墓向、殉牲等各个方面，都与前面说的寺洼文化大不一样，属于不同的文化系统，彼此之间没有继承发展关系。后者进入春秋早期就在原住地消失了，前者最早春秋中期才开始出现在甘宁地区，二者在时间上还有间隔，很可能没发生交集。尤其值得注意的是，根据对固原、彭阳出土人骨的检测，东周时期西戎人群的体质特征，目前来看主要属于北亚蒙古人种，与寺洼文化不同，分属不同的大人群。虽然在文献中都叫"西戎"，但此"西戎"非彼"西戎"，实质上是两回事：一个是我国西北地区的土著，另一个是从更北面来的"外来户"。

这些"外来户"从北方什么地方来的？这些东周的西戎墓葬普遍出土北方草原风格的铜器，暗示他们来自北方草原。历史上的北亚蒙古人种，都是游牧人群，如匈奴、东胡、鲜卑、蒙古族，体貌特征可以用"低颅阔面"来概括：头颅比较低矮，脖子宽短，面部扁平，眼睛细长。这些民族大多居住在蒙古高原，那里是北亚蒙古人种的发源地。因此，东周时期的西戎人群，有相当一部分是从蒙古高原南下到中国甘宁地区的。

高纬度人群向低纬度迁徙、流动在全世界都发生过，因为高纬度地区无霜期短，苦寒之地，生存环境恶劣，人类天性喜欢去温暖的地方。春秋中期以后北亚蒙古人种的人群南下不是个例，而是在长城沿线地带普遍发生的现象；西至甘肃民勤，东到内蒙古中南部、河北张家口，都有发现。

据《史记·秦本纪》，穆公在位39年，前面整整36年对西戎没有什么大动作，但一直在积蓄国力，考察敌我形势，并招徕对方人才（由余），为伐戎准备条件。在对晋战争告一段落之后，穆公三十七年（公元前623年）全面发动对戎作战，一举成功，所谓"益国十二，开地千里"，可见他所谋者大，不是针对一国一族；开拓的疆土，如《史记正义》所言，"陇西、北地郡是也"，即六盘山东西两侧。穆公的功绩在当时就惊动了天子，200余年后依然被人称道，秦孝公称赞他"为后世开业，甚光美"。成功的原因，当然和他个人的雄才大略分不开，但如果放在西北民族长时段历史格局中去观察就不难明白：穆公伐戎之举发生在以寺洼文化为代表的羌戎溃败逃散之后、带有游牧色彩的北方人群南下之初，恰好处于西戎势力旧力才去、新力将生之时，所以才能批亢捣虚，克竟全功。一句话，踢了个空门。所谓时势造英雄，这个时势，就是历史发展形成的格局，谁都摆脱不了，英雄人物只是自觉或不自觉地因势利导而已。

《左传》记载，公元前638年，秦穆公曾将陆浑戎驱逐出境，晋惠公把他们接引、安置到"南鄙之田"，就是洛阳南的伊川。近年在河南伊川县鸣皋镇徐阳村发掘到春秋时期陆浑戎的墓地[1]，有大型墓葬，随葬5鼎4豆成套铜礼器及编钟，车马坑内殉埋马牛羊的头、蹄，小墓出土单耳夹砂罐等陶器，说明这些戎人来自西北，但在与中原诸国交往过程中已经高度华夏化了。陆浑戎原来居住在"瓜州"。王雷生认为"狐""瓜"相通，春秋初年有大小狐氏，也就是晋公子重耳（晋文公）、夷吾（晋惠公）的母亲大戎狐姬、小戎子的部落，活动在华山以北的南流黄河两岸，所以瓜州在关中东部的河华地区。[2]如果是这样的话，秦穆公驱逐陆浑戎，是为了与晋国争锋扫清道路，和灭梁、芮的意义一样，与后来大举伐戎的目的有所不同。

穆公伐戎后，还将边境上戎人酋长或少数贵族迁至秦国腹地监控起来，使之归顺。1992年在宝鸡益门村发掘的二号春秋墓，规模不大，墓坑长约3米，宽1.5米，墓向西北，一棺一椁，但出土了200余件组随葬品，包括纯金器81件组，有金柄铁剑（图121:1、2）、鸭首或鹦鹉首金带钩（图121:4-6）、兽面形金

[1] 吴业恒：《河南伊川徐阳墓地发现春秋陆浑戎贵族墓葬和车马坑》，《中国文物报》2015年11月20日第8版。

[2] 王雷生：《瓜州新考》，《敦煌学辑刊》1993年第2期。

图 121　宝鸡益门春秋墓出土金器

牌饰等（图121:3）；金、金铜合成器24件，玉器81件组，铜器19件，还有玛瑙及绿松石串饰[1]，简直琳琅满目，让人瞠目结舌。出土黄金总重量约3公斤，堪称富可敌国；金器数量之多，在中原先秦墓中至今还是第一。该墓位于秦统治中心，但没出一件鼎簋钟壶之类的青铜礼器——这类东西在秦人墓中常用来表示身份；墓主被认为是一位秦穆公霸西戎后被胁迫迁至关中的西戎某国君长。[2]客观地说，墓内金、玉器的形制纹饰基本为秦式或中原式，但这并不妨碍对族属的判断，因为秦对西戎首领的赏赐史不绝书[3]，应专门制作了不少用于赏赐的器物。此外，该墓出土金泡、金环、金络饰、铜衔等马具的习俗，也不同于秦墓。

问题二十 | 穆公葬地

人生自古谁无死？无论他生前有多辉煌。秦穆公也不例外。但他称霸西戎之后的第二年就去世了，多少有点突然。总结穆公的一生，大的心愿基本都已实现，特别是在三十六年（公元前624年）派孟明等伐晋，大败晋人，他自己渡河"封崤中尸"——封埋崤山中秦军尸骨，为之发丧，大哭三日，闻者无不动容。真正做到了"在哪里跌倒，就在哪里爬起来"。穆公去世，举国哀痛，从死者177人，在文献记载中是最多的。那么，穆公葬身于何处？

秦公陵地位于雍城南郊，穆公墓应在其中。看平面图的话，南郊的秦公陵地有两处（图122）：一处在雍城东南的三岔村附近，目前只发现一座陵园，即十四号陵园。另一处在雍城西南的南指挥村一带，七八十年代在那里发现了13座陵园，包括已经发掘的一号陵园的秦公一号大墓，即秦景公的墓。先秦时把国君的墓地（或陵地）称为"公墓地"，或者叫"兆域"。这两处陵地东西相距比较远，七八公里，二者之间还夹杂着其

[1] 宝鸡市考古工作队：《宝鸡市益门村二号春秋墓发掘简报》，《文物》1993年第10期。

[2] 陈平：《试论宝鸡益门二号墓短剑及有关问题》，《考古》1995年第4期；赵化成：《宝鸡市益门村二号春秋墓族属管见》，《考古与文物》1997年第1期。

[3]《史记·秦本纪》："（穆公）后令内史廖以女乐二八遗戎王。戎王受而说之，终年不还。"《史记·张仪列传》："乃以文绣千纯，妇女百人遗义渠君。"

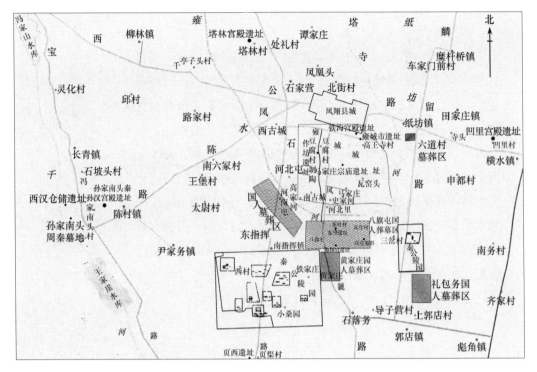

图 122 雍城秦公陵园位置示意图（据雍城考古队资料）

他国人或平民的墓地，它们不是一回事，不属于同一个公墓地（兆域）。那么，穆公墓应位于哪一处？从各方面的情况来看，在已经发现的雍城秦公陵园中，只有三岔村附近的十四号陵园有资格，或者说才有可能是秦穆公的墓，理由如下：

《史记集解》引《皇览》说："秦缪公冢在橐泉宫祈年观下。"《史记集解》是南朝刘宋的裴骃撰写的，年代不算晚；他所引的《皇览》就更早了，是三国魏文帝时期的书，所以这条记载是比较靠谱的。《史记正义》又说橐泉宫是秦孝公建造的，年代属战国时期。在十四号陵园西南发现一处大型建筑遗址，面积约 2400 平方米，编号为凤三 F1，遗址年代从战国延至汉代，在那采集到"橐泉宫当"的文字瓦当（**图 123:3**），属于自报家门，说明遗址就是橐泉宫。文献记载和出土文字完全对上了，所以十四号陵园应是秦穆公的陵园。"祈年观"和蕲年宫不是一回事。前面讲过，蕲年宫在汧河东岸的长青镇孙家南头，是雍城西郊的离宫；"祈年观"是橐泉宫宫门的附属建筑，和门阙类似。

唐代李泰主编的《括地志》说："秦穆公冢在岐州雍县东南二里。""雍县"就是汉唐时期的雍县县城，和秦都雍城城址范围基本重合。南指挥村一带的13座陵园都位于雍县西南，方位不符；只有十四号陵园在雍城（县）东南，在方位上符合这条记载。

据《秦记》，秦穆公是葬于雍的第一位国君，其陵园也是雍城南郊最早的陵园。十四号陵园西北距雍城东南角仅1公里（图123:1），与瓦窑头宫区隔雍水河相望。前面讲过，瓦窑头宫区可能是雍城内最早营建的宫区，早期陵园被安排在早期宫区附近，理所当然。

十四号陵园的主墓是一座"丰"字形的南北向大墓，编号M45；陵园内还有两座东西向的中字形大墓（图123:2），我认为，M45就是秦穆公的大墓。M45南北全长242.7米，坐北朝南，由南墓道、前室、南过道、中室、北过道、后室、北墓道构成。有人说，这个怎么像糖葫芦串，长得这么怪？我们说其实不怪。它的前、后室相当于南北耳室，雍城秦公大墓的墓道普遍带耳室，它把耳室扩大化了，就成了前、后室。中室是主体

图123 雍城十四号陵园与橐泉宫当
1　14号陵园位置；2　14号陵园平面；3　橐泉宫当

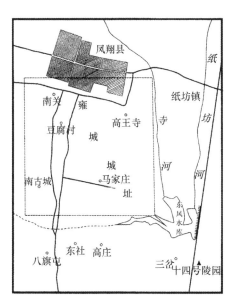

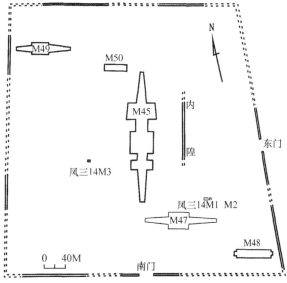

墓室，就是安放死者的地方；钻探时发现它的底部有板灰、朱砂及漆器残片，说明有棺椁葬具及随葬品。在这座墓的墓上采集到槽形板瓦、装饰绳纹带的筒瓦，属春秋中晚期的东西，在年代上也很吻合。

这里有一个问题：为什么M45不像雍城南郊其他秦公大墓那样为东西向，而采用了南北向的墓型，显得这么另类？我们知道，周代的秦墓绝大多数为坐西向东的东西向，不仅大型陵墓，中小墓葬也这样。周人却流行头北足南的葬式和南北向墓型，如西周时期的姬姓诸侯墓。M45采用周人的南北向墓型，得在穆公个人身上找原因。穆公在位期间与周王室的关系很密切，功劳特别大，曾帮助周襄王击败他弟弟王子带，夺回王位，有勤王靖难之功。后来被周天子授予"伯"的称号，承认他西方霸主的地位。这在秦国历史上是前所未有的盛事，也是春秋时期唯一获此称号的秦君，下一位得等到200多年后的秦孝公。秦穆公既受天子褒奖，又仰慕王朝礼制，在墓型上改从周人的礼制，也是有可能的。

在十四号陵园里，M45东南有一座东西向中字形墓，编号M47；西北还有一座东西向中字形墓，编号M49。这两座墓应是穆公夫人之墓。在秦公陵园里，只有正夫人（正妻）才能享用中字形的墓形。不是说穆公同时有两位正夫人，穆公在位时间较长，达39年，他可能有前、后两位正夫人，其中一位是续弦。

附录

附录一 《史记·秦本纪》

秦之先，帝颛顼之苗裔孙曰女脩。女脩织，玄鸟陨卵，女脩吞之，生子大业。大业取少典之子，曰女华。女华生大费，与禹平水土。已成，帝锡玄圭。禹受曰："非予能成，亦大费为辅。"帝舜曰："咨尔费，赞禹功，其赐尔皂游。尔后嗣将大出。"乃妻之姚姓之玉女。大费拜受，佐舜调驯鸟兽，鸟兽多驯服，是为柏翳。舜赐姓嬴氏。

大费生子二人：一曰大廉，实鸟俗氏；二曰若木，实费氏。其玄孙曰费昌，子孙或在中国，或在夷狄。费昌当夏桀之时，去夏归商，为汤御，以败桀于鸣条。大廉玄孙曰孟戏、中衍，鸟身人言。帝太戊闻而卜之使御，吉，遂致使御而妻之。自太戊以下，中衍之后，遂世有功，以佐殷国，故嬴姓多显，遂为诸侯。

其玄孙曰中潏，在西戎，保西垂。生蜚廉。蜚廉生恶来。恶来有力，蜚廉善走，父子俱以材力事殷纣。周武王之伐纣，并杀恶来。是时蜚廉为纣石北方，还，无所报，为坛霍太山而报，得石棺，铭曰"帝令处父不与殷乱，赐尔石棺以华氏"。死，遂葬于霍太山。蜚廉复有子曰季胜。季胜生孟增。孟增幸于周成王，是为宅皋狼。皋狼生衡父，衡父生造父。造父以善御幸于周缪王，得骥、温骊、骅骝、騄耳之驷，西巡狩，乐而忘归。徐偃王作乱，造父为缪王御，长驱归周，一日千里以救乱。缪王以赵城封造父，造父族由此为赵氏。自蜚廉生季胜已下五世至造父，别居赵。赵衰其后也。恶来革者，蜚廉子也，蚤死。有子曰女防。女防生旁皋，旁皋生太几，太几生大骆，大骆生非子。以造父之宠，皆蒙赵城，姓赵氏。

非子居犬丘，好马及畜，善养息之。犬丘人言之周孝王，孝王召使主马于汧渭之间，马大蕃息。孝王欲以为大骆适（嫡）嗣。申侯之女为大骆妻，生子成为适（嫡）。申侯乃言孝王曰："昔我先郦山之女，为戎胥轩妻，生中潏，以亲故归周，保西垂，西垂以其故和睦。今我复与大骆妻，生适（嫡）子成。申骆重婚，西戎皆服，所以为王。王其图之。"于是孝王曰："昔伯翳为舜主畜，畜多息，故有土，赐姓嬴。今其后世

* 以中华书局1982年版校点本为底本。——编者

亦为朕息马，朕其分土为附庸。"邑之秦，使复续嬴氏祀，号曰秦嬴。亦不废申侯之女子为骆适（適）者，以和西戎。

秦嬴生秦侯。秦侯立十年，卒。生公伯。公伯立三年，卒。生秦仲。

秦仲立三年，周厉王无道，诸侯或叛之。西戎反王室，灭犬丘大骆之族。周宣王即位，乃以秦仲为大夫，诛西戎。西戎杀秦仲。秦仲立二十三年，死于戎。有子五人，其长者曰庄公。周宣王乃召庄公昆弟五人，与兵七千人，使伐西戎，破之。于是复予秦仲后，及其先大骆地犬丘并有之，为西垂大夫。

庄公居其故西犬丘，生子三人，其长男世父。世父曰："戎杀我大父仲，我非杀戎王则不敢入邑。"遂将击戎，让其弟襄公。襄公为太子。庄公立四十四年，卒，太子襄公代立。襄公元年，以女弟缪嬴为丰王妻。襄公二年，戎围犬丘，世父击之，为戎人所虏。岁余，复归世父。七年春，周幽王用褒姒废太子，立褒姒子为适（適），数欺诸侯，诸侯叛之。西戎犬戎与申侯伐周，杀幽王郦山下。而秦襄公将兵救周，战甚力，有功。周避犬戎难，东徙雒邑，襄公以兵送周平王。平王封襄公为诸侯，赐之岐以西之地。曰："戎无道，侵夺我岐、丰之地，秦能攻逐戎，即有其地。"与誓，封爵之。襄公于是始国，与诸侯通使聘享之礼，乃用骝驹、黄牛、羝羊各三，祠上帝西畤。十二年，伐戎而至岐，卒。生文公。

文公元年，居西垂宫。三年，文公以兵七百人东猎。四年，至汧渭之会。曰："昔周邑我先秦嬴于此，后卒获为诸侯。"乃卜居之，占曰吉，即营邑之。十年，初为鄜畤，用三牢。十三年，初有史以纪事，民多化者。十六年，文公以兵伐戎，戎败走。于是文公遂收周余民有之，地至岐，岐以东献之周。十九年，得陈宝。二十年，法初有三族之罪。二十七年，伐南山大梓，丰大特。四十八年，文公太子卒，赐谥为竫公。竫公之长子为太子，是文公孙也。五十年，文公卒，葬西山。竫公子立，是为宁公。

宁公二年，公徙居平阳。遣兵伐荡社。三年，与亳战，亳王奔戎，遂灭荡社。四年，鲁公子翚弑其君隐公。十二年，伐荡氏，取之。宁公生十岁立，立十二年卒，葬西山。生子三人，长男武公为太子。武公弟德公，同母鲁姬子。生出子。宁公卒，大庶长弗忌、威垒、三父废太子而立出子为君。出子六年，三父等复共令人贼杀出子。出子生五岁立，立六年卒。三父等乃复立故太子武公。

武公元年，伐彭戏氏，至于华山下，居平阳封宫。三年，诛三父等而夷三族，以其杀出子也。郑高渠眯杀其君昭公。十年，伐邽、冀戎，初县之。十一年，初县杜、郑。灭小虢。

十三年，齐人管至父、连称等杀其君襄公而立公孙无知。晋灭霍、魏、耿。齐雍廪杀无知、管至父等而立齐桓公。齐、晋为彊国。

十九年，晋曲沃始为晋侯。齐桓公伯于鄄。

二十年，武公卒，葬雍平阳。初以人从死，从死者六十六人。有子一人，名曰白，白不立，封平阳。立其弟德公。

德公元年，初居雍城大郑宫。以牺三百牢祠鄜畤。卜居雍。后子孙饮马于河。梁伯、芮伯来朝。二年，初伏，以狗御蛊。德公生三十三岁而立，立二年卒。生子三人：长子宣公，中子成公，少子穆公。长子宣公立。

宣公元年，卫、燕伐周，出惠王，立王子颓。三年，郑伯、虢叔杀颓而入惠王。四年，作密畤，与晋战河阳，胜之。十二年，宣公卒。生子九人，莫立，立其弟成公。

成公元年，梁伯、芮伯来朝。齐桓公伐山戎，次于孤竹。

成公立四年卒。子七人，莫立，立其弟缪公。

缪公任好元年，自将伐茅津，胜之。四年，迎妇于晋，晋太子申生姊也。其岁，齐桓公伐楚，至邵陵。

五年，晋献公灭虞、虢，虏虞君与其大夫百里奚，以璧马赂于虞故也。既虏百里奚，以为秦缪公夫人媵于秦。百里奚亡秦走宛，楚鄙人执之。缪公闻百里奚贤，欲重赎之，恐楚人不与，乃使人谓楚曰："吾媵臣百里奚在焉，请以五羖羊皮赎之。"楚人遂许与之。当是时，百里奚年已七十余。缪公释其囚，与语国事。谢曰："臣亡国之臣，何足问！"缪公曰："虞君不用子，故亡，非子罪也。"固问，语三日，缪公大说，授之国政，号曰五羖大夫。百里奚让曰："臣不及臣友蹇叔，蹇叔贤而世莫知。臣常游困于齐而乞食铚人，蹇叔收臣。臣因而欲事齐君无知，蹇叔止臣，臣得脱齐难，遂之周。周王子颓好牛，臣以养牛干之。及颓欲用臣，蹇叔止臣，臣去，得不诛。事虞君，蹇叔止臣。臣知虞君不用臣，臣诚私利禄爵，且留。再用其言，得脱，一不用，及虞君难：是以知其贤。"于是缪公使人厚币迎蹇叔，以为上大夫。

秋，缪公自将伐晋，战于河曲。晋骊姬作乱，太子申生死新城，重耳、夷吾出奔。

九年，齐桓公会诸侯于葵丘。

晋献公卒。立骊姬子奚齐，其臣里克杀奚齐。荀息立卓子，克又杀卓子及荀息。夷吾使人请秦，求入晋。于是缪公许之，使百里奚将兵送夷吾。夷吾谓曰："诚得立，请割晋之河西八城与秦。"及至，已立，而使丕郑谢秦，背约不与河西城，而杀里克。丕郑闻之，恐，因与缪公谋曰："晋人不欲夷吾，实欲重耳。今背秦约而杀里克，皆吕甥、郤芮之计也。愿君以利急召吕、郤，吕、郤至，则更入重耳便。"缪公许之，使人与丕郑归，召吕、郤。吕、郤等疑丕郑有间，乃言夷吾杀丕郑。丕郑子丕豹奔秦，说缪公曰："晋君无道，百姓不亲，可伐也。"缪公曰："百姓苟不便，何故能诛其大臣？能诛其大臣，此其调也。"不听，而阴用豹。

十二年，齐管仲、隰朋死。

晋旱，来请粟。丕豹说缪公勿与，因其饥而伐之。缪公问公孙支，支曰："饥穰更事耳，不可不与。"问百里奚，奚曰："夷吾得罪于君，其百姓何罪？"于是用百里奚、公孙支言，卒与之粟。以船漕车转，自雍相望至绛。

十四年，秦饥，请粟于晋。晋君谋之群臣。虢射曰："因其饥伐之，可有大功。"晋君从之。十五年，兴兵将攻秦。缪公发兵，使丕豹将，自往击之。九月壬戌，与晋惠公夷吾合战于韩地。晋君弃其军，与秦争利，还而马骜。缪公与麾下驰追之，不能得晋君，反为晋军所围。晋击缪公，缪公伤。于是岐下食善马者三百人驰冒晋军，晋军解围，遂脱缪公而反生得晋君。初，缪公亡善马，岐下野人共得而食之者三百余人，吏逐得，欲法之。缪公曰："君子不以畜产害人。吾闻食善马肉不饮酒，伤人。"乃皆赐酒而赦之。三百人者闻秦击晋，皆求从，从而见缪公窘，亦皆推锋争死，以报食马之德。于是缪公虏晋君以归，令于国，"齐宿，吾将以晋君祠上帝"。周天子闻之，曰"晋我同姓"，为请晋君。夷吾姊亦为缪公夫人，夫人闻之，乃衰绖跣，曰："妾兄弟不能相救，以辱君命。"缪公曰："我得晋君以为功，今天子为请，夫人是忧。"乃与晋君盟，许归之，更舍上舍，而馈之七牢。十一月，归晋君夷吾，夷吾献其河西地，使太子圉为质于秦。秦妻子圉以宗女。是时秦地东至河。

十八年，齐桓公卒。二十年，秦灭梁、芮。

二十二年，晋公子圉闻晋君病，曰："梁，我母家也，而秦灭之。我兄弟多，即君百岁后，秦必留我，而晋轻，亦更立他子。"子圉乃亡归晋。二十三年，晋惠公卒，子圉立为君。秦怨圉亡去，乃迎晋公子重耳于楚，而妻以故子圉妻。重耳初谢，后乃受。缪公益礼厚遇之。二十四年春，秦使人告晋大臣，欲入重耳。晋许之，于是使人送重耳。二月，重耳立为晋君，是为文公。文公使人杀子圉。子圉是为怀公。

其秋，周襄王弟带以翟伐王，王出居郑。二十五年，周王使人告难于晋、秦。秦缪公将兵助晋文公入襄王，杀王弟带。二十八年，晋文公败楚于城濮。三十年，缪公助晋文公围郑。郑使人言缪公曰："亡郑厚晋，于晋而得矣，而秦未有利。晋之疆，秦之忧也。"缪公乃罢兵归。晋亦罢。三十二年冬，晋文公卒。

郑人有卖郑于秦曰："我主其城门，郑可袭也。"缪公问蹇叔、百里奚，对曰："径数国千里而袭人，希有得利者。且人卖郑，庸知我国人不有以我情告郑者乎？不可。"缪公曰："子不知也，吾已决矣。"遂发兵，使百里奚子孟明视，蹇叔子西乞术及白乙丙将兵。行日，百里奚、蹇叔二人哭之。缪公闻，怒曰："孤发兵而子沮哭吾军，何也？"二老曰："臣非敢沮君军。军行，臣子与往；臣老，迟还恐不相见，故哭耳。"二老退，谓其子曰："汝军即败，必于殽厄矣。"三十三年春，秦兵遂东，更晋地，过周北门。周王孙满曰："秦师无礼，不败何待！"兵至滑，郑贩卖贾人弦高，持十二牛将卖之周，见秦兵，恐死虏，因献其牛，曰："闻大国将诛郑，郑君谨修守御备，使臣以牛十二劳军士。"秦三将军相谓曰："将袭郑，郑今已觉之，往无及已。"灭滑。滑，晋之边邑也。

当是时，晋文公丧尚未葬。太子襄公怒曰："秦侮我孤，因丧破我滑。"遂墨衰绖，发兵遮秦兵于殽，击之，大破秦军，无一人得脱者。虏秦三将以归。文公夫人，秦女也，为秦三囚将请曰："缪公之怨此三人入于骨髓，愿令此三人归，令我君得自快烹之。"晋君许之，归秦三将。三将至，缪公素服郊迎，向三人哭曰："孤以不用百里奚、蹇叔言以辱三子，三子何罪乎？子其悉心雪耻，毋怠。"遂复三人官秩如故，愈益厚之。

三十四年，楚太子商臣弑其父成王代立。

缪公于是复使孟明视等将兵伐晋，战于彭衙。秦不利，引兵归。

戎王使由余于秦。由余，其先晋人也，亡入戎，能晋言。闻缪公贤，故使由余观秦。秦缪公示以宫室、积聚。由余曰："使鬼为之，则劳神矣。使人为之，亦苦民矣。"缪公怪之，问曰："中国以诗书礼乐法度为政，然尚时乱，今戎夷无此，何以为治，不亦难乎？"由余笑曰："此乃中国所以乱也。夫自上圣黄帝作为礼乐法度，身以先之，仅以小治。及其后世，日以骄淫。阻法度之威，以责督于下，下罢极则以仁义怨望于上，上下交争怨而相篡弑，至于灭宗，皆以此类也。夫戎夷不然。上含淳德以遇其下，下怀忠信以事其上，一国之政犹一身之治，不知所以治，此真圣人之治也。"于是缪公退而问内史廖曰:"孤闻邻国有圣人,敌国之忧也。今由余贤,寡人之害,将奈之何?"内史廖曰:"戎王处辟匿,未闻中国之声。君试遗其女乐,以夺其志;为由余请,以疏其间;留而莫遣,以失其期。戎王怪之,必疑由余。君臣有间,乃可虏也。且戎王好乐,必怠于政。"缪公曰:"善。"因与由余曲席而坐,传器而食,问其地形与其兵势尽察,而后令内史廖以女乐二八遗戎王。戎王受而说之,终年不还。于是秦乃归由余。由余数谏不听,缪公又数使人间要由余,由余遂去降秦。缪公以客礼礼之,问伐戎之形。

三十六年,缪公复益厚孟明等,使将兵伐晋,渡河焚船,大败晋人,取王官及鄗,以报殽之役。晋人皆城守不敢出。于是缪公乃自茅津渡河,封殽中尸,为发丧,哭之三日。乃誓于军曰:"嗟士卒!听无哗,余誓告汝。古之人谋黄发番番,则无所过。"以申思不用蹇叔、百里傒之谋,故作此誓,令后世以记余过。君子闻之,皆为垂涕,曰:"嗟乎!秦缪公之与人周也,卒得孟明之庆。"

三十七年,秦用由余谋伐戎王,益国十二,开地千里,遂霸西戎。天子使召公过贺缪公以金鼓。三十九年,缪公卒,葬雍。从死者百七十七人,秦之良臣子舆氏三人名曰奄息、仲行、针虎,亦在从死之中。秦人哀之,为作歌黄鸟之诗。君子曰:"秦缪公广地益国,东服强晋,西霸戎夷,然不为诸侯盟主,亦宜哉。死而弃民,收其良臣而从死。且先王崩,尚犹遗德垂法,况夺之善人良臣百姓所哀者乎?是以知秦不能复东征也。"缪公子四十人,其太子罃代立,是为康公。

康公元年。往岁缪公之卒,晋襄公亦卒;襄公之弟名雍,秦出也,在秦。晋赵盾欲立之,使随会来迎雍,秦以兵送至令狐。晋立襄公子而反击秦师,秦师败,随会来奔。二年,秦伐晋,取武城,报令狐之役。四年,晋伐秦,取少梁。六年,秦伐晋,取羁马。战于河曲,大败晋军。晋人患随会在秦为乱,乃使魏雠馀详反,合谋会,诈而得会,会遂归晋。康公立十二年卒,子共公立。

共公二年，晋赵穿弑其君灵公。三年，楚庄王强，北兵至雒，问周鼎。共公立五年卒，子桓公立。

桓公三年，晋败我一将。十年，楚庄王服郑，北败晋兵于河上。当是之时，楚霸，为会盟合诸侯。二十四年，晋厉公初立，与秦桓公夹河而盟。归而秦倍盟，与翟合谋击晋。二十六年，晋率诸侯伐秦，秦军败走，追至泾而还。桓公立二十七年卒，子景公立。

景公四年，晋栾书弑其君厉公。十五年，救郑，败晋兵于栎。是时晋悼公为盟主。十八年，晋悼公强，数会诸侯，率以伐秦，败秦军。秦军走，晋兵追之，遂渡泾，至棫林而还。二十七年，景公如晋，与平公盟，已而背之。三十六年，楚公子围弑其君而自立，是为灵王。景公母弟后子针有宠，景公母弟富，或谮之，恐诛，乃奔晋，车重千乘。晋平公曰："后子富如此，何以自亡？"对曰："秦公无道，畏诛，欲待其后世乃归。"三十九年，楚灵王强，会诸侯于申，为盟主，杀齐庆封。景公立四十年卒，子哀公立。后子复来归秦。

哀公八年，楚公子弃疾弑灵王而自立，是为平王。十一年，楚平王来求秦女为太子建妻。至国，女好而自娶之。十五年，楚平王欲诛建，建亡；伍子胥奔吴。晋公室卑而六卿强，欲内相攻，是以久秦晋不相攻。三十一年，吴王阖闾与伍子胥伐楚，楚王亡奔随，吴遂入郢。楚大夫申包胥来告急，七日不食，日夜哭泣。于是秦乃发五百乘救楚，败吴师。吴师归，楚昭王乃得复入郢。哀公立三十六年卒。太子夷公，夷公蚤死，不得立，立夷公子，是为惠公。

惠公元年，孔子行鲁相事。五年，晋卿中行、范氏反晋，晋使智氏、赵简子攻之，范、中行氏亡奔齐。惠公立十年卒，子悼公立。

悼公二年，齐臣田乞弑其君孺子，立其兄阳生，是为悼公。六年，吴败齐师。齐人弑悼公，立其子简公。九年，晋定公与吴王夫差盟，争长于黄池，卒先吴。吴强，陵中国。十二年，齐田常弑简公，立其弟平公，常相之。十三年，楚灭陈。

秦悼公立十四年卒，子厉共公立。孔子以悼公十二年卒。

厉共公二年，蜀人来赂。十六年，堑河旁。以兵二万伐大荔，取其王城。二十一年，初县频阳。晋取武成。二十四年，晋乱，杀智伯，分其国与赵、韩、魏。二十五年，智开与邑人来奔。三十三年，伐义渠，虏其王。三十四年，日食。厉共公卒，子躁公立。

躁公二年，南郑反。十三年，义渠来伐，至渭南。十四年，躁公卒，立其弟怀公。

怀公四年，庶长晁与大臣围怀公，怀公自杀。怀公太子曰昭子，蚤死，大臣乃立太子昭子之子，是为灵公。灵公，怀公孙也。

灵公六年，晋城少梁，秦击之。十三年，城籍姑。灵公卒，子献公不得立，立灵公季父悼子，是为简公。简公，昭子之弟而怀公子也。

简公六年，令吏初带剑。堑洛。城重泉。十六年卒，子惠公立。

惠公十二年，子出子生。十三年，伐蜀，取南郑。惠公卒，出子立。

出子二年，庶长改迎灵公之子献公于河西而立之。杀出子及其母，沉之渊旁。秦以往者数易君，君臣乖乱，故晋复强，夺秦河西地。

献公元年，止从死。二年，城栎阳。四年正月庚寅，孝公生。十一年，周太史儋见献公曰："周故与秦国合而别，别五百岁复合，合十七岁而霸王出。"十六年，桃冬花。十八年，雨金栎阳。二十一年，与晋战于石门，斩首六万，天子贺以黼黻。二十三年，与魏晋战少梁，虏其将公孙痤。二十四年，献公卒，子孝公立，年已二十一岁矣。

孝公元年，河山以东强国六，与齐威、楚宣、魏惠、燕悼、韩哀、赵成侯并。淮泗之间小国十余。楚、魏与秦接界。魏筑长城，自郑滨洛以北，有上郡。楚自汉中，南有巴、黔中。周室微，诸侯力政，争相并。秦僻在雍州，不与中国诸侯之会盟，夷翟遇之。孝公于是布惠，振孤寡，招战士，明功赏。下令国中曰："昔我缪公自岐雍之间，修德行武，东平晋乱，以河为界，西霸戎翟，广地千里，天子致伯，诸侯毕贺，为后世开业，甚光美。会往者厉、躁、简公、出子之不宁，国家内忧，未遑外事，三晋攻夺我先君河西地，诸侯卑秦、丑莫大焉。献公即位，镇抚边境，徙治栎阳，且欲东伐，复缪公之故地，修缪公之政令。寡人思念先君之意，常痛于心。宾客群臣有能出奇计强秦者，吾且尊官，与之分土。"于是乃出兵东围陕城，西斩戎之獂王。

卫鞅闻是令下，西入秦，因景监求见孝公。

二年，天子致胙。

三年，卫鞅说孝公变法修刑，内务耕稼，外劝战死之赏罚，孝公善之。甘龙、杜挚等弗然，相与争之。卒用鞅法，百姓苦之；居三年，百姓便之。乃拜鞅为左庶长。其事在商君语中。

七年，与魏惠王会杜平。八年，与魏战元里，有功。十年，卫鞅为大良造，将兵围魏安邑，降之。十二年，作为咸阳，筑冀阙，秦徙都之。并诸小乡聚，集为大县，县一令，四十一县。为田开阡陌。东地渡洛。十四年，初为赋。十九年，天子致伯。二十年，诸侯毕贺。秦使公子少官率师会诸侯逢泽，朝天子。

二十一年，齐败魏马陵。

二十二年，卫鞅击魏，虏魏公子卬。封鞅为列侯，号商君。

二十四年，与晋战雁门，虏其将魏错。

孝公卒，子惠文君立。是岁，诛卫鞅。鞅之初为秦施法，法不行，太子犯禁。鞅曰："法之不行，自于贵戚。君必欲行法，先于太子。太子不可黥，黥其傅师。"于是法大用，秦人治。及孝公卒，太子立，宗室多怨鞅，鞅亡，因以为反，而卒车裂以徇秦国。

惠文君元年，楚、韩、赵、蜀人来朝。二年，天子贺。三年，王冠。四年，天子致文武胙。齐、魏为王。

五年，阴晋人犀首为大良造。六年，魏纳阴晋，阴晋更名宁秦。七年，公子卬与魏战，虏其将龙贾，斩首八万。八年，魏纳河西地。九年，渡河，取汾阴、皮氏。与魏王会应。围焦，降之。十年，张仪相秦。魏纳上郡十五县。十一年，县义渠。归魏焦、曲沃。义渠君为臣。更名少梁曰夏阳。十二年，初腊。十三年四月戊午，魏君为王，韩亦为王。使张仪伐取陕，出其人与魏。

十四年，更为元年。二年，张仪与齐、楚大臣会啮桑。三年，韩、魏太子来朝。张仪相魏。五年，王游至北河。七年，乐池相秦。韩、赵、魏、燕、齐帅匈奴共攻秦。秦使庶长疾与战修鱼，虏其将申差，败赵公子渴、韩太子奂，斩首八万二千。八年，张仪复相秦。九年，司马错伐蜀，灭之。伐取赵中都、西阳。十年，韩太子苍来质。伐取韩石章。伐败赵将泥。伐取义渠二十五城。十一年，樗里疾攻魏焦，降之。败韩岸门，斩首万，其将犀首走。公子通封于蜀。燕君让其臣子之。十二年，王与梁王会临晋。庶长疾攻赵，虏赵将庄。张仪相楚。十三年，庶长章击楚于丹阳，虏其将屈匄，斩首八万；又攻楚汉中，取地六百里，置汉中郡。楚围雍氏，秦使庶长疾助韩而东攻齐，到满助魏攻燕。十四年，伐楚，取召陵。丹、犁臣，蜀相壮杀蜀侯来降。

惠王卒，子武王立。韩、魏、齐、楚、越皆宾从。

武王元年，与魏惠王会临晋。诛蜀相壮。张仪、魏章皆东出之魏。伐义渠、丹、犁。二年，初置丞相，樗里疾、甘茂为左右丞相。张仪死于魏。三年，与韩襄王会临晋外。南公揭卒，樗里疾相韩。武王谓甘茂曰："寡人欲容车通三川，窥周室，死不恨矣。"其秋，使甘茂、庶长封伐宜阳。四年，拔宜阳，斩首六万。涉河，城武遂。魏太子来朝。武王有力好戏，力士任鄙、乌获、孟说皆至大官。王与孟说举鼎，绝膑。八月，武王死。族孟说。武王取魏女为后，无子。立异母弟，是为昭襄王。昭襄母楚人，姓芈氏，号宣太后。武王死时，昭襄王为质于燕，燕人送归，得立。

昭襄王元年，严君疾为相。甘茂出之魏。二年，彗星见。庶长壮与大臣、诸侯、公子为逆，皆诛，及惠文后皆不得良死。悼武王后出归魏。三年，王冠。与楚王会黄棘，与楚上庸。四年，取蒲阪。彗星见。五年，魏王来朝应亭，复与魏蒲阪。六年，蜀侯辉反，司马错定蜀。庶长奂伐楚，斩首二万。泾阳君质于齐。日食，昼晦。七年，拔新城。樗里子卒。八年，使将军芈戎攻楚，取新市。齐使章子，魏使公孙喜，韩使暴鸢共攻楚方城，取唐昧。赵破中山，其君亡，竟死齐。魏公子劲、韩公子长为诸侯。九年，孟尝君薛文来相秦。奂攻楚，取八城，杀其将景快。十年，楚怀王入朝秦，秦留之。薛文以金受免。楼缓为丞相。十一年，齐、韩、魏、赵、宋、中山五国共攻秦，至盐氏而还。秦与韩、魏河北及封陵以和。彗星见。楚怀王走之赵，赵不受，还之秦，即死，归葬。十二年，楼缓免，穰侯魏冉为相。予楚粟五万石。

十三年，向寿伐韩，取武始。左更白起攻新城。五大夫礼出亡奔魏。任鄙为汉中守。十四年，左更白起攻韩、魏于伊阙，斩首二十四万，虏公孙喜，拔五城。十五年，大良造白起攻魏，取垣，复予之。攻楚，取宛。十六年，左更错取轵及邓。冉免，封公子市宛，公子悝邓，魏冉陶，为诸侯。十七年，城阳君入朝，及东周君来朝。秦以垣为蒲阪、皮氏。王之宜阳。十八年，错攻垣、河雍，决桥取之。十九年，王为西帝，齐为东帝，皆复去之。吕礼来自归。齐破宋，宋王在魏，死温。任鄙卒。二十年，王之汉中，又之上郡、北河。二十一年，错攻魏河内。魏献安邑，秦出其人，募徙河东赐爵，赦罪人迁之。泾阳君封宛。二十二年，蒙武伐齐。河东为九县。与楚王会宛。与赵王会中阳。二十三年，尉斯离与三晋、燕伐齐，破之济西。王与魏王会宜阳，与韩王会新城。二十四年，与楚王会鄢，又会穰。秦取魏安城，至大梁，燕、赵救之，秦军去。魏冉免相。二十五年，拔赵二城。与韩王会新城，与魏王会新明邑。二十六年，赦罪人迁之穰。侯冉复相。二十七年，错攻楚。赦罪人迁之南阳。白起攻赵，取代光狼城。又使司马错发陇西，因蜀攻楚黔中，拔之。二十八年，大良造白起攻楚，取鄢、邓，赦罪人迁之。二十九年，大良造白起攻楚，取郢为南郡，楚王走。周君来。王与楚王会襄陵。白起为武安君。三十年，蜀守若伐楚，取巫郡，及江南为黔中郡。三十一年，白起伐魏，取两城。楚人反我江南。三十二年，相穰侯攻魏，至大梁，破暴鸢，斩首四万，鸢走，魏入三县请和。三十三年，客卿胡阳攻魏卷、蔡阳、长社，取之。击芒卯华阳，破之，斩首十五万。魏入南阳以和。三十四年，秦与魏、韩上庸地为一郡，南阳免臣迁居之。三十五年，佐韩、魏、楚伐燕。初置南阳郡。三十六年，客卿灶攻齐，取刚、寿，予穰侯。三十八年，中更胡阳攻赵阏与，不能取。四十年，悼太子死魏，归葬芷阳。四十一年夏，攻魏，取邢丘、怀。四十二年，安国君为太子。十月，宣太后薨，葬芷阳郦山。九月，穰侯出之陶。四十三年，武安君白起攻韩，拔九城，斩首五万。四十四年，攻韩南，取之。四十五年，五大夫贲攻韩，取十城。叶阳君悝出之国，未至而死。四十七年，秦攻韩上党，上党降赵，秦因攻赵，赵发兵击秦，相距。秦使武安君白起击，大破赵于长平，四十余万尽杀之。四十八年十月，韩献垣雍。秦军分为三军。武安君归。王龁将伐赵皮牢，拔之。司马梗北定太原，尽有韩上党。正月，兵罢，复守上党。其十月，五大夫陵攻赵邯郸。四十九年正月，益发卒佐陵。陵战不善，免，王龁代将。其十月，将军张唐攻魏，为蔡尉捐弗守，还斩之。五十年十月，武安君白起有罪，为士伍，迁阴密。张唐攻郑，拔之。十二月，益发卒军汾城旁。武安君白起有罪，死。龁攻邯郸，不拔，去，还奔汾军二月余。攻晋军，斩首六千，晋楚流死河二万人。攻汾城，即从唐拔宁新中，宁新中更名安阳。初作河桥。

五十一年，将军摎攻韩，取阳城、负黍，斩首四万。攻赵，取二十余县，首虏九万。西周君背秦，与诸侯约从，将天下锐兵出伊阙攻秦，令秦毋得通阳城。于是秦使将军摎攻西周。西周君走来自归，顿首受罪，尽献其邑三十六城，口三万。秦王受献，归其君于周。五十二年，周民东亡，其器九鼎入秦。周初亡。

五十三年，天下来宾。魏后，秦使摎伐魏，取吴城。韩王入朝，魏委国听令。五十四年，王郊见上帝于雍。五十六年秋，昭襄王卒，子孝文王立。尊唐八子为唐太后，而合其葬于先王。韩王衰绖入吊祠，诸侯皆使其将相来吊祠，视丧事。

孝文王元年，赦罪人，修先王功臣，褒厚亲戚，弛苑囿。孝文王除丧，十月己亥即位，三日辛丑卒，子庄襄王立。

庄襄王元年，大赦罪人，修先王功臣，施德厚骨肉而布惠于民。东周君与诸侯谋秦，秦使相国吕不韦诛之，尽入其国。秦不绝其祀，以阳人地赐周君，奉其祭祀。使蒙骜伐韩，韩献成皋、巩。秦界至大梁，初置三川郡。二年，使蒙骜攻赵，定太原。三年，蒙骜攻魏高都、汲，拔之。攻赵榆次、新城、狼孟，取三十七城。四月日食。王齕攻上党。初置太原郡。魏将无忌率五国兵击秦，秦却于河外。蒙骜败，解而去。五月丙午，庄襄王卒，子政立，是为秦始皇帝。

秦王政立二十六年，初并天下为三十六郡，号为始皇帝。始皇帝五十一年而崩，子胡亥立，是为二世皇帝。三年，诸侯并起叛秦，赵高杀二世，立子婴。子婴立月余，诸侯诛之，遂灭秦。其语在《始皇本纪》中。

太史公曰：秦之先为嬴姓。其后分封，以国为姓，有徐氏、郯氏、莒氏、终黎氏、运奄氏、菟裘氏、将梁氏、黄氏、江氏、脩鱼氏、白冥氏、蜚廉氏、秦氏。然秦以其先造父封赵城，为赵氏。

附录二 秦国君世系图

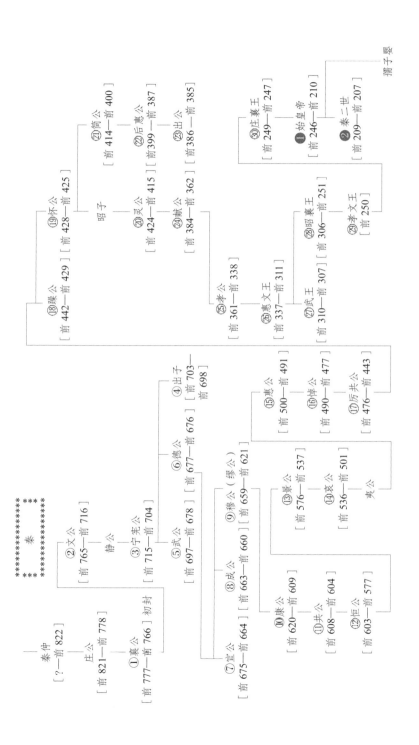

附录三 相关文化遗址一览

遗址名称	地理位置	遗址年代	遗址性质
西山坪	甘肃礼县城关镇	西周至战国	秦国城邑
鸾亭山	甘肃礼县城关镇	汉代	皇家祭天遗址
大堡子山	甘肃礼县永坪乡	春秋	秦国都邑
赵坪（圆顶山墓地）	甘肃礼县永兴镇	春秋	秦国贵族墓地
六八图	甘肃礼县红河乡	东周	不明
李崖	甘肃清水县城关镇	西周	秦祖非子封邑（秦邑）
毛家坪	甘肃甘谷县磐安镇	西周至战国	秦冀县
石家墓地	甘肃宁县早胜镇西头村	春秋	周余民墓地
马家塬墓地	甘肃张家川县木河乡马家塬村	战国	西戎墓地
墩坪墓地	甘肃漳县三岔镇三岔村	东周	西戎墓地
姚河塬	宁夏彭阳县新集乡	西周	西周军事重镇
边家庄墓地	陕西陇县东南乡	春秋早中期	秦国贵族墓地
磨儿塬古城	陕西陇县东南乡	汉代	可能为汉代陇县县城
陈家崖	陕西宝鸡陈仓区陈家崖村	春秋	秦国都邑
平阳	陕西宝鸡市阳平镇	春秋	秦国都邑
太公庙村窖藏	陕西宝鸡市阳平镇	春秋早期	秦国乐器坑
堡子壕	陕西宝鸡长青镇孙家南头	春秋至战国	秦蕲年宫
东岭墓地	陕西宝鸡长青镇孙家南头	春秋至战国	秦国贵族墓地
戴家湾	陕西宝鸡陈仓区戴家湾村	西周至汉代	秦汉陈宝祠、陈仓县
益门村春秋墓	陕西宝鸡市南郊益门村	春秋	秦国戎人墓葬
雍城	陕西宝鸡凤翔县南	春秋至战国	秦国都城
雍城秦公陵园	陕西宝鸡凤翔县南指挥村、三岔村	春秋至战国	秦国国君墓地
秦公一号大墓	陕西宝鸡凤翔县南	春秋晚期	秦景公之墓
南佐	陕西兴平县阜寨乡	战国秦汉时期	秦代废丘、汉代槐里县
南关墓地	陕西户县南关	春秋	丰国墓地
宋村墓地	陕西户县宋村	春秋	丰国墓地
王浩	陕西泾阳县中张镇	战国至汉代	不明
栎阳	陕西西安阎良区武屯镇	战国至汉代	秦国都城
北沈家桥村	陕西西安市雁塔区电子城街道办	春秋至战国	秦杜县
零口窖藏	陕西临潼县零口西段	西周	铜器窖藏
梁带村墓地	陕西韩城市梁带村	西周至春秋	芮国墓地
晋侯墓地	山西曲沃县天马-曲村	西周至春秋	晋国国君墓地
横水墓地	山西绛县横水镇横北村	西周	倗国墓地
徐阳墓地	河南伊川县鸣皋镇徐阳村	春秋	陆浑戎墓地
陈庄古城	山东高青县陈庄	西周	姜姓丰氏采邑

编者按：2017年8月26日，北京大学哲学系研究生肖京和考古系研究生刘思源在北大勺园宾馆对本书作者梁云进行了采访，以下是访谈笔录。

· · ·

肖京：梁老师，感谢您为讲习班带来的精彩课程。我们很想知道，当您接到通知要来做通识教育讲习班授课导师的时候，您是怎么理解这个任务的？您如何理解通识教育？

梁云：接到讲课的任务，是我没有预料到的事情。孙庆伟老师在两个月前给我打了个电话，请我来这个通识教育讲习班上两天课。对我来说，上课不是难事。因为我本身就是教师，而且也经常讲这种连续三个小时的课。但是他说这是通识教育，就让我一开始有点犹豫。因为我一想，这个授课的对象肯定不是专业的学生，而是非专业的，或者说来自其他专业或相关专业。后来他跟我说没问题，我也就接下了这个任务。

通识教育这个词对我来说也不陌生。本科教育的核心应该是通识教育，即对人综合素质的培养，而不应该让学生过早进入到专业教育。这一点，我与通识教育讲习班的组织者在观念上是一致的。我自己则过早地进入到专业化的考古学教育，本科一年级就开始了。我觉得，大学的文科教育，开始的时候更应该合而不是分，要文史哲合一。日本的文科博士学位叫哲学博士，有的国家是艺术学博士，但无论是拿哲学还是艺术来统领，都是把文科放到一个大类里头，强调的是合而不是分。如果在大学阶段，或者至少在本科前两年把通识教育做好，会非常有利于后期的成长。技术性、实用性的东西掌握起来是很快的，但综合的素质、开阔的眼界、艺术的素养，不是一时半会儿能达到的。所以通识教育非常重要，它是符合现代教育要求的，是一个打基础的事情。

但是如何才能做到通？我讲课的时候也说过一些，它是有前提的。见多才能识广，博了才能通，触类旁通。如果孤陋寡闻，见识就那么一点，那怎么通？知识点之间的互相触

附录四 梁云访谈：21世纪秦文化研究的重心，是秦早期历史

动和激发，有时候就会产生灵感。所以一定要开阔眼界，知识面要宽。

肖京：梁老师，您对通识教育的理解，为什么着重强调综合素质的培养？

梁云：我认为，大学的本科教育应该按通识教育的方向去发展，而不宜过早开始专业化的教育。因为我自己就是大学老师，我感觉考古系的同学很多方面的不足之处，就是由于通识教育做得不够。

我经常说，文科的同学要有两个基本素养或能力。第一个是把事情说清楚的能力。无论跟谁，汇报任何事情，你都要把事情说清楚，思路和逻辑要清晰。这些年，我们大学忽视了哲学和中文教育，尤其忽视了逻辑学的教育，这是非常要命的。考古学尤其强调逻辑，我们是运用实物资料，再加上逻辑，来完成一个科学的推理和探讨，如果你不懂逻辑学，你写的文章肯定就没有层次和条理，观点论据都不知道怎么摆，乱七八糟的说不清楚。第二个就是要具备与人沟通的能力。这两个能力，理科学生也应该具备。而这两方面，都要靠通识教育来培养。

考古学是文科，但如果你只知道坛坛罐罐，当然是不行的。你要了解古代文化，了解古人的所思所想才行。如果不读司马迁的《史记》，你怎么能跟他对话？怎么才能想见其为人？如果对古人，对古代的文化没有理解，那你对发掘出来的东西就没有感觉，学问也是做不好的。而这些都要靠通识教育。

肖京：在大学教育制度无法整体变革的情况下，您认为有什么可行的方案来实现您的构想吗？

梁云：如果想改成前两年通识教育、后两年专业教育，这涉及教育体制改革，自然无法实施。目前只能靠这种通识教育讲习班了。各学校轮着一年办一次是不够的，每个学校都要办通识班，而且要公益性地推广它，把通识班常态化、普及化，通过通识班来弥补，找不同学科的老师们来讲课。学生见多识广之后，自然会有相互的触发，能力也自然会提高。

肖京：那您是怎么设计并讲授《秦本纪》这门课程的呢？

梁云：讲《秦本纪》，是讲习班组织者给我的命题作文。我不能跑题，所以肯定要围绕着《史记·秦本纪》来讲。当然，可以有很多种讲解的方式，单就文本论文本是一种方式，《史记》有三家注，而且后面还有人在研究，像梁玉绳的《史记志疑》。但是我觉得应该有第四注，就是拿考古学的新材料、新成果来对《史记·秦本纪》重新做注释。如果单纯地讲文本，可能会比较沉闷；单纯地讲考古材料，门槛又比较高，学生不容易进入。所以我选择穿插着讲，一段文本，一段考古。引入考古资料的时候，也不是单纯地讲考古，而是在学术问题带动下讲考古资料。这也是我的一次新尝试。如果是针对考古专业的同学，我就单纯讲考古发现了。所以我是照顾到了通识班同学的背景。而从同学的反响来看，讲授的效果还是可以的。

肖京：您说讲课要考虑到授课对象，又希望通过讲习班去培养您说的那些品质，那您觉得您的讲授如何达到前面期待的那种效果？

梁云：我记得俞伟超先生当年说过一句话。他说，写论文是给别人看的，讲课也是给别人听的，但是不要迁就读者，不要迁就听众。本来有十分的水平，不要把自己降成五分，不要觉得听众听不懂你讲话，不要觉得读者看不懂你写的东西，不要小瞧了读者和听众，他们水平很高。更何况，伟大的艺术家和导演，他们在创作的时候也并不考虑观众能不能理解，而只要实现自己的构想就可以了。我觉得讲课也应该是这样，我实现我想讲的东西，而不考虑听众能不能接受。我相信他们能接受的。

我认为虽然强调通识，但我们不能丢掉专业。通的前提和基础是博，博就是不同学科之间的碰撞和接触，是靠博来实现通，而不是相互迁就，降低学科的品位和专业性。所以这二者是对立统一的关系。

我理解的"通"，就是前后贯通、触类旁通。去年，我去台北故宫博物院做讲座，也是讲秦文化，题目很专。当时我有点担心，主办方说你不用担心，台北故宫就是讲专业的地方。

讲座的听众都是社会大众，有的是家庭主妇，还有一些退休的老头老太，他们对文化很感兴趣，大陆来的学者讲秦文化，他们也听得兴致勃勃。普通社会大众都是如此，我想北大就更不成问题了。

刘思源：接下来，我们想问您一些关于秦文化的问题。往常提到秦的时候，人们总会一下就想到秦始皇，但对秦人的早期历史，大家的了解就非常少了。考古学界对此其实已经做了很多工作，梁老师您自己已经20年致力于秦文化研究。我们想请您讲一讲现在秦文化研究的主要进展。

梁云：秦文化的考古发现，也有80年的历史了。秦文化分为早、中、晚三期，而从秦文化的考古学学术史角度来看，20世纪的重心是在晚期，重大的发现包括秦始皇陵、兵马俑、睡虎地秦简等，这些都是轰动性的。直到今天，秦始皇陵也是中国文化输出的一个不可替代的象征。外展的话，任何东西都代替不了兵马俑，这当然是一个亮点。但秦的历史却更深远，有其源头。21世纪以来，秦文化研究的重心，就转移到了秦民族早期历史的探索上。当然，中晚期并非不值得关注，也同样有很多问题还没有解决。

2004年，北京大学、甘肃省考古研究所等五家单位合作的早期秦文化联合考古，取得了一系列成果，也引起了学术界的热烈讨论，这是我这次讲课介绍的重点。在20世纪占主导的中晚期考古发现，到了21世纪反倒有点陷入沉寂了。虽然咸阳、秦始皇陵这些地方一直在做工作，主要是在原有的框架内补充完善。真正有突破性的还是在早期，像我这次介绍的几个发现、几个都城城址或者与都城有关的遗址。这些线索的出现是突破性的。

刘思源：那您觉得应该怎么去推进秦文化学术的发展？

梁云：田野工作是考古的生命力所在，也是第一推动力。田野工作不是到处乱挖，而要考虑为什么挖？怎么挖？挖完后怎么办？这其中最难、最关键的是要找到"地方"，这要靠领队的眼光。领队的水平不在于怎么挖探方，而应该有全局观，要能挖到"地方"上。发掘的地方不对,成果是出不来的。而能挖对地方、挖出成果,大都不是偶然的,而有其必然性。领队首先要对相关区域做系统调查,有了宏观的考虑,然后选点,这样才能挖对地方。

早期秦文化考古现在的主要问题是,秦的第一处都邑西犬丘没有找到。如果找到了,连带就会有新的秦公大墓被发现,那又是重要的突破。大堡子山那两座秦公大墓数量不够,在礼县可能还有秦公大墓。

刘思源:近年来有很多新的成果是基于清华简产生的,那您怎么看待新出竹简与《史记》或者传世文献之间的矛盾呢?

梁云:清华简是出土文献,《战国策》《孟子》《史记》是传世文献。但清华简记载的内容,并没有跳出传世文献的范围。我在讲习班课程上讲了"周二王并立"这段历史,这是清华简中讲到的,其实与西晋发现的魏国竹简《古本竹书纪年》中的内容大体相同。《古本竹书纪年》经过了后人编辑,也差不多算是传世文献了。虽然《史记·秦本纪》没有讲"周二王并立",这与出土文献有一定出入,但即使如此,也不要轻易去否定谁,不要一边倒。

我们应抱着存疑的态度,但目的是求真。在这里考古能起到很关键的作用,即有针对性地进行发掘,然后看能否得到验证。司马迁的记载未必都是对的,清华简的记载也有可能是对的。而当这两者发生明显矛盾时——比如清华简说蜚廉死在海边,《史记》说葬于霍太山——不要轻易说谁对谁错,而是看考古资料。通过几方面互证,才能做出取舍。当然,解决这个问题,还有很长的路要走。包括秦人西迁的问题,我虽然认为是从山西来的,但这仅仅是一个推论,还没有得到证实。如果在山西附近找到了造父族人的墓地,还有恶来、女防、旁皋、大骆这一支族人的墓地,面貌如果跟清水李崖遗址一样,那我不需要出土文字材料就能证明了。但要找到可不容易,就跟大海捞针一样,不仅需要机遇,也需要艰苦的劳动。回到最开始的问题,我觉得就是要多闻阙疑,不要一边倒。

刘思源： 为什么秦人这样一个民族最后统一了天下？我想知道您对这个问题的看法。

梁云： 这个问题在历史上长期被关注。从贾谊《过秦论》就开始谈秦为什么能统一。司马迁也谈这个事情，后来韩愈也谈。司马迁说秦的武器装备比不上东方六国，治国模式、理论方法比不上，物资储备也不如。东方六国是六个，它是一个，它怎么就能把六国兼并了？最后司马迁说这是命，是运；就是时势，是气运。他归结到这上面。这其实也是我在博士阶段很关注的问题，因为我觉得这是中国历史的一大转折。

秦的统一，开启了一个两千年的帝制时代。毛主席诗词说"百代犹行秦政治"，过了一百代，骨子里实行的还是秦制。对中国历史影响最深的两个朝代，一个是周，一个是秦。中国人的精神文化、民族性格基本上是周塑造的，但是政治制度、行政体系、国家管理模式基本上是秦塑造的，所以周和秦对中国的影响特别深远。秦为什么能统一？其实这是一个史学的问题，我的博士论文，就是想从考古学角度回答这个史学的问题。有些同行不理解，所以我的论文算是个异类，因为李伯谦老师相当宽厚、相当包容，换个地方、换个导师可能就被枪毙了（笑）。你看考古学专业的博士论文，到目前为止类似的选题都还很少。

秦为什么能统一中国？当时战国有七雄，为什么是秦而不是楚、齐或其他？我在学校读博士的时候就在想，考古学作为一个独立的学科，应该能解答重大历史问题，不能解答就没资格作为一个学科，做考古的人应该勇于从本学科的角度解读重大的历史问题。老一辈的学者已经做出了这样的表率。比如俞伟超先生在北大教书时，"文革"十年都没有发表论文，"文革"结束他发表了《古史分期问题的考古学观察》。古史分期是五六十年代讨论非常热烈的问题，即关于中国古代社会的分期和性质问题。从考古学角度，对这个问题进行探讨和回答，现在看来只有他一个人，也只有这一篇文章。考古学、历史学需要融合，不应分得那么清楚——我们研究对象是共同的，就是古代的历史。这个研究方向我们应该鼓励。

我从几个方面进行比较，发觉秦跟东方六国都不一样，它的独特性可能是它能够统一中国的内在原因。秦与六国的差别，在现象上，包括城址的形态、城市的体系、墓葬的等级序列，还有器物群的演变、器用制度，都表现得比较明显。背后有一个共通的原因：秦的文化发展比较滞后，社会结构两极分化，它的中下层是个扁平化的社会。实际上，秦代以后中国社会的统治模式就是扁平化的。什么是扁平化？就是中间阶层虚弱，政令能直接下达到社会底层，一竿子插到底，中下层内部没有森严的等级。这种社会形态属于举国体制，是一种动员型的社会。最高领袖一声令下，能动员巨大的社会物质力量。而东方六国不是这样的社会结构。

六国是受到了周的影响，流行分封制，大小诸侯、贵族的残余势力是很强大的，战国时期有名的四大公子都是贵族出身。另外，六国的贵族政治残余还是很严重的，不像秦很早就开始推行客卿制，战国中晚期秦的客卿制很厉害。秦的贵族政治不发达，但最高级的贵族，比如秦公这一级有它的传统。因为社会结构扁平化，秦推行改革就比较彻底，阻力小。而东方六国的中间阶层与贵族势力太强大了，改革往往容易流产或者不彻底。在文化上也是这样，东方六国的文化发展是前后衔接的，旧的拖住新的；新的萌芽已经出现，旧的也没完全抛弃，而是你中有我、我中有你。但秦是把旧的东西彻底扫荡，平地拔起一座新楼。所以社会结构的不同决定了社会变迁模式的不同，文化发展道路的不同。到现在我也没有改变我的这个观点。

肖京：那么，秦的这样一种特征是如何形成的？

梁云：这有一个过程。秦人早期阶段，是在跟戎人血与火的战争中立国的，其立国过程比任何一个诸侯国都艰难，它是杀出来的。建国前后多位君主先后战死，哪个国家会如此惨烈？除了秦之外几乎没有。所以，这个社会军事化的氛围很浓，很强调军事领袖的地位和权力的集中，也就是强调服从。这有点像古代的斯巴达，跟雅典完全不一样。所以日本人很推崇秦，觉得秦就是中国的斯巴达。这个特征跟秦的早期经历有关系，它不像齐、鲁那么顺的，齐、鲁建国没有那么艰难；秦的地盘是一点点杀出来、打出来的，所以秦的艺术里都有军事化的倾向。你看兵马俑，庞大的军阵就是一种军事化的主题，这是一以贯之的。因此，对秦的建国需要前后贯通地来理解。

肖京：我有两个问题和前面李猛老师的讲课（希罗多德的《历史》）有关系，李老师首先讲了一个问题，就是《历史》中有大量传言式的、不可信的东西，那您如何看待司马迁的《史记》中有许多不合逻辑、不可信的东西？

梁云：这有两种情况，一种是文学性夸张，我在讲课的时候就提到了，比如垓下之战，项王大喝一声，赤泉侯"辟易数里"。这个肯定不可信，但可以理解，因为早期文史不分家。司马迁的《史记》，不仅仅是政治史、事件史、经济史，还是生命的历史，是无数个体的生命，汇聚成了历史的长河，因此，对生命形态、生命体验的描述，一定会有艺术的夸张在里头。还有一种是早期的神话、传说，这不是司马迁自己的捏造，是一代一代口耳相传下来的。他到一个地方去采风，这个地方传说大禹怎么样、夏桀怎么样，他就记录下来。如果漠视这些，历史记载就会有缺环。因此，在前代历史人物的叙述上，他就会把这些记录放进去。这部分我们也要理解，因为每个民族早期的历史都有传说的部分、神话的内容。当然我们也不排除有些地方真的是他记错了，但要否定《史记》的记载，一定要有硬材料，仅出土文献是不够的。出土文献中，如果是当时的人说同时代的事，可信度会比较高。比如，战国中期的竹简记载了战国中期的事情，其可信度是最高的。西周金文记载了西周的事，它的可信度最高；我们谈西周，金文是第一手资料。但是如果战国中期的人谈西周初年的事，隔了六七百年，其可信度就差了。

肖京：李猛老师讲希罗多德的《历史》，谈到两个问题，一是南北问题，一是东西问题。在中国，我们通常知道有一个南北问题，就是农耕民族和游牧民族的关系。但是您讲课中特别关注秦人西迁的说法,这让我想到傅斯年先生的《夷夏东西说》,我就想我们中国内部其实有文化的互相更迭和竞争。您怎么看待中国的东西问题呢?

梁云:这个问题你问对人了,因为我在北大读博士的时候写过一篇文章,就是《考古学上的东西问题与南北问题》。这个文章没有正式发表,曾发在北大考古系一个学生内部刊物《青年考古学家》上。傅斯年的《夷夏东西说》当然是对的,他说夏代有夏和东夷集团的冲突和对立,商本身就是东方集团,跟周之间又有对立,秦和东方六国之间又有对立。总体上看,先秦时期东西问题占主导,秦代以后南北问题成为关键,这跟匈奴联盟集团的形成有直接的关系,即当游牧文化带开始形成,即与农耕文明区截然对立,所以汉匈两百年争战不断,再后来,北方的游牧人群一拨一拨南下,这都是头等重要的问题。这里面其实也有一个大的规律:东方在文化上始终居于领先地位,所以,它就吸引着西方的人群一拨一拨地往东边走。在史前时期比如龙山时代就是东方文明发达;商代晚期在文化上周人是比不了商人的,小邦周比不了大邑商;东周时期也是东方列国比秦发达。但这不是指武力,是指社会发展程度、经济文化的发达程度,其间是有一定共性的。

肖京:我还想再补充一个小问题,您说东西问题后来不再成为一个主要问题,那它是怎么解决的?

梁云:大一统之后东西问题当然也存在,但是成了一个次要性的问题。汉武帝之前也存在东西问题。七国之乱前,汉的疆域其实可以分成汉王朝直接控制的地区,即关内,和东部大量有相对独立性的诸侯王国。诸侯王国势力大了之后,吴楚七国起来造反,这又是一次东西对立,其间斩杀了晁错。汉武帝上台后又进一步加强中央集权,实施推恩令,东西的这个差别才彻底消弭;其后匈奴转强,主要问题就转化成南北问题,这个脉络是清楚的。秦和六国之间的战争肯定是东西问题,所以,我觉得我的论文到现在还是有价值的,并没有过时。

肖京:因为我的专业是伦理学,我比较相信一种政治制度不可能只是单纯的规则,它能够实施,一定是适应于特定的人群;而这个人群肯定具有您所说的"生命风格"或"生命气质"——当然,我不知道该怎么准确地界定。您之前一直说司马迁讲的是一部生命的历史,那么在您20年的秦文化研究里,您认为秦人贡献了一种什么样的"生命风格",您怎么去概括他们?当然不只是说他们搞了一套我们可以学习的制度,而是说这种人是什么样的人?

梁云:我明白你的意思,就是讨论他们的民族性格和生命形态。秦的风格与其他国家还是不一样。《荀子》《汉书》等文献都说秦人生计窘迫,讨生活不易,比较讲现实,功利色彩浓,生活节奏急促,不像齐、鲁那么舒缓。司马迁在《货殖列传》中也说齐国因为地方大,自然资源丰富,齐人性格比较舒缓,节奏慢。的确是这样的。秦人有很强的赶超意识,其实跟我们现在的中国人挺像的。想要赶超是因为意识到自己落后,所以积极上进,奋发进取,这是值得肯定的。但秦人性子急,急于求成,同时也比较孤独,有点孤儿情结,因为他跟周文化的关系不如齐、鲁、燕亲,不是周室的宗亲。周代表了文化正统和中心。秦原来是殷移民,到周初,地位一落千丈,后来才慢慢起来。他跟周王朝在关系上、文化上、心理上到底还是有隔离。这种孤儿情结和想突围的愿望,体现在变法上,就是推行一些东西时比较狠厉。有什么样的土壤就开出什么样的花朵,结出什么样的果实。商鞅也到其他国家游说过,推行过他的思想,但行不通。譬如说在魏国,其初期文化很发达,魏文侯聚拢一帮人才推行儒家,风气也很开放,但是商鞅的那套法家理论,在魏国、在东方国家,就是实行不了,只有在秦国才能实行,这是有其必然性的。这就与你说的秦国的历史背景、民族性格、生命形态有关系,二者属于一拍即合:秦需要这么一套东西来让其赶超,并且也实现了。所以法家彻底的胜利就是在秦国手里,法家理论在秦国落地开花是有其必然性的。

肖京:在您刚才的描述里,秦公族和秦百姓是一致的,对吗?

梁云：基本上是一致的。我觉得秦国的百姓是比较淳朴的，你看《荀子》中说秦国民风淳朴，国君的命令下达以后，老百姓都是很顺从的。这在经济文化欠发达地区往往是这样。现在也是这样的。秦国在变法前就是欠发达地区，老百姓"甚畏有司"，不会跟官员对着干，所以变法的阻力很小——不是说绝对没有阻力，而是比较小。当然，秦国最精彩的历史可能就是变法，但我这次恰恰没有讲到，因为以前变法讲得太多了。

Copyright © 2020 by SDX Joint Publishing Company.
All Rights Reserved.
本作品版权由生活·读书·新知三联书店所有。
未经许可，不得翻印。

图书在版编目（CIP）数据

西垂有声：《史记·秦本纪》的考古学解读/梁云著. —北京：生活·读书·新知三联书店，2020.6（2021.7 重印）
ISBN 978-7-108-06661-9

Ⅰ.①西⋯ Ⅱ.①梁⋯ Ⅲ.①中国历史-古代史-纪传体②《史记》-研究 Ⅳ.①K204.2

中国版本图书馆 CIP 数据核字（2019）第 167934 号

责任编辑　冯金红
装帧设计　薛　宇
责任校对　张　睿
责任印制　卢　岳
出版发行　生活·讀書·新知三联书店
　　　　　（北京市东城区美术馆东街 22 号 100010）
网　　址　www.sdxjpc.com
经　　销　新华书店
印　　刷　天津图文方嘉印刷有限公司
版　　次　2020 年 6 月北京第 1 版
　　　　　2021 年 7 月北京第 2 次印刷
开　　本　720 毫米 × 1000 毫米　1/16　印张 15.25
字　　数　200 千字　图 268 幅
印　　数　07,001－10,000 册
定　　价　78.00 元
（印装查询：01064002715；邮购查询：01084010542）